Impressum

2. Auflage 2018
SCHÖNSEE Verlag Dobbin-Linstow

Einband/Illustrationen:
WerbeGrafikDesign • Andrea Sommerfeld

ISBN 978-3-9818789-1-2

Ann Louise Preuß

Der Verdacht muss weg

Illustrationen:

Andrea Sommerfeld

SCHÖNSEE VERLAG

Hinkelmanns Welt in kleinen Schritten

Herr Hinkelmann startet in den Mittwoch

Es war Mittwoch, der Tag, der sich an ein unerhörtes Ereignis des vorangegangenen Dienstags anfügte, und dieses unerhörte Ereignis hatte ausschließlich mit Kater Siegesmund zu tun. Das Ereignis hatte zur Folge gehabt, dass Herr Hinkelmann reichlich ans Denken gekommen war, mit der Ausbeute, dass Tante Friedas Kater bei Herrn Hinkelmann in eine höhere Schublade gerutscht war, unvorhersehbar und ohne dass Herr Hinkelmann auch nur im Geringsten mit dieser Entwicklung gerechnet hätte.
Denn das Verhältnis zwischen Herrn Hinkelmann und seinem Kater hatte am Vortag noch ganz schön auf der Kippe gestanden, so sehr, dass Herr Hinkelmann sich den Dienstag über regelrecht abgestrampelt hatte, um den Kater schnellstens loszuwerden. Dann allerdings war etwas passiert, das Herrn Hinkelmann zum Umdenken gezwungen hatte.
Siegesmund hatte eine Maus erlegt, die ihm quasi aus Versehen zugelaufen und zwischen die Vorderpfoten geraten war. Dieses Ereignis hatte dazu geführt, dass Herr Hinkelmann eine völlig neue Einstellung zum übernommenen Kater und dessen Verbrauch an Frühstückskäse bekommen hatte. Das besagte Ereignis des Vortags reichte Herrn Hinkelmann, um den Kater umgehend am Hinkelmannschen Ziegenkäse zu beteiligen, nun aber völlig freiwillig und nicht wie zuvor von Siegesmund durch lästige Beinkontakte erzwungen.

*

Heute Morgen allerdings warf die gelbe Frühstücksmasse Fragen auf, die Herr Hinkelmann sich nicht beantworten

konnte, denn die Herkunft des Ziegenkäses war völlig ungeklärt. Merkwürdig war, dass Herr Hinkelmann den Käse beim Ablesen des Außenthermometers vorgefunden hatte. Das Lebensmittel hatte vor seiner Haustür auf der Fußmatte gelegen, und zwar als angebrochene Packung, und Herr Hinkelmann hatte sich im Moment der Sichtung nicht erklären können, wer den Käse vor der Haustür abgelegt hatte.
Dann aber, sozusagen schon im zweiten Moment, hatte Herr Hinkelmann wie immer seinen Nachbarn Kloppstock als Urheber ausfindig gemacht und sich im selben Moment schlagartig über den abgelegten Käse aufgeregt. Sozusagen um wieder runterzukommen, hatte sich Herr Hinkelmann dann in fantasievollen Farben ausgemalt, wie er seinen Erzfeind Kloppstock wegen des Käses in die Mangel nehmen würde. Da war aus Herrn Hinkelmanns Sicht eine Sprachattacke genau das Richtige, selbstverständlich wohlplaziert und unbedingt zweideutig gehalten, damit später niemand sagen könnte, er habe bei seinen Eltern eine schlechte Kinderstube genossen.
Zwar blieb alternativ dazu noch die Möglichkeit einer derben Handgreiflichkeit, aber wegen eines Päckchens Ziegenkäse auf der Fußmatte seinem Nachbarn eine blaue Nase zu schlagen, erschien Herrn Hinkelmann dann doch als übertriebene Waghalsigkeit.
Und war in aller Regel gegenüber Mitmenschen auch schwer vermittelbar!
Außerdem waren Tätlichkeiten seit jeher im Hause Hinkelmann die Art von Lösung, die man wegen des gelebten guten Stils lieber anderen überließ.
Zum Beispiel Kleinkriminellen!

Was aber noch viel mehr gegen eine derbe Handgreiflichkeit sprach und deshalb schon immer für Herrn Hinkelmann das Hauptargument gegen Handgreiflichkeiten bildete, war die Tatsache, dass er einfach nicht den Körper dafür hatte. Tätlichkeiten hinsichtlich Kloppstock schieden also allein vom Grundsatz her aus.
Mit einem zweideutig formulierten Satz allerdings sah alles völlig anders aus. Etwa mit der Formulierung „Das ist doch Käse, was Sie da gemacht haben" oder auch mit der gut durchdachten Bemerkung „Bilden Sie sich nur nicht ein, dass mir der Käse hier auf meiner Fußmatte auch nur im Geringsten stinkt." Mit derartigen Aussagen war er gewiss bestens aufgestellt. So würde er garantiert seinem Erzfeind wirksam auf den Nerven herumtrampeln und ihm wieder einmal zeigen, wer der Herr im Ring war.

*

Jetzt aber, nach weiterer Überlegung und unter Betrachtung seiner Versorgungssituation, fing Herr Hinkelmann an, regelrecht froh über den Käsefund zu sein, denn er war immer noch nicht dazu gekommen, den geplanten Einkauf zu tätigen. Da kam ihm das Käsegeschenk auf seiner Fußmatte gerade recht. Mit einem guten Gefühl im Bauch faltete Herr Hinkelmann nun zwei Scheiben Ziegenkäse aus spanischer Produktion mehrmals so, dass ein handlicher Käsequader entstand, den er seinem Kater im freien Fall überließ. Das Gebilde aus Käse hüpfte einige Male über die Küchenfliesen und hinterließ auf seiner Route glänzende Fettabdrücke. Schön waren die Flecken nicht, aber seit gestern mit Blick auf Siegesmunds Fangquote unumgänglich. Ab sofort war der Kater beim Frühstück am Ziegenkäse beteiligt und sorgte als Gegenleistung für die Reinhaltung der Wanduhrensammlung von Mäusen und ähnlichem Ungeziefer. Das war der neu geschlossene Deal, wenn auch nicht ausdrücklich mit dem Kater abgesprochen. Aber es erklärte Siegesmunds weitere Duldung im Hause und war Herrn Hinkelmanns endgültige Lösung seines Kater-Problems!

*

Jetzt grübelte Herr Hinkelmann darüber nach, wie sich der Mittwoch abspielen sollte. Und dass sich der Tag zu seinen Gunsten gestalten musste, stand außer Frage, denn schließlich hatte Herr Hinkelmann von fünf ganzen Urlaubstagen, die er sich genommen hatte, schon die ersten beiden verplempert. Und da sich weite Teile des Dienstags unter keinem guten Stern gezeigt hatten, war für Herrn Hinkelmann klar, dass für den Mittwoch nachzubessern war. Der heutige Mittwoch musste also alles rausreißen, deshalb zog es Herr Hinkelmann in Erwägung, vor allem dem Lustprinzip zu folgen.
Worauf er so gar keine Lust hatte, war eine Begegnung mit seinem Nachbarn Kloppstock. Dieser mit Kater lebende Querulant war Herrn Hinkelmanns Problem Nummer eins, und das Schicksal hatte es so gewollt, dass dieses Hauptproblem auch noch in unmittelbarer Nähe wohnte, nämlich direkt nebenan.
Und ähnlich unlösbar wie die Feindschaft zwischen den Nachbarn war die Situation zwischen den beiden Haustieren. Auch hier war ein Sich-aus-dem-Weg-Gehen die beste Form

eines funktionierenden Kontakts.
Nach wochenlanger Zuspitzung der nachbarschaftlichen Situation war Herrn Kloppstocks Kater mit dem hochtrabenden Namen Amadeus in Herrn Hinkelmanns Garten so unerwünscht wie ein Triebtäter. Und wenn es Amadeus doch einmal auf das Hinkelmannsche Gelände trieb, dann würde Siegesmund, das erwartete Herr Hinkelmann von seinem Haustierzugang, hoffentlich bei ausgefahrener Kralle kein Pardon verstehen. Da setzte Herr Hinkelmann voll und ganz auf Tante Friedas lebendigste Hinterlassenschaft, den von der Tante geerbten Kater, der allerdings in den vier hölzernen Kuckucken aus der ebenfalls geerbten Wanduhrensammlung eine durchaus ernst zu nehmende Konkurrenz hatte, jedenfalls was deren Lebendigkeit betraf.

*

Siegesmund war erst vor Kurzem auf dem Wege besagter Erbschaft in Herrn Hinkelmanns Junggesellenhaushalt geraten. Das allerdings zwangsläufig. Herr Hinkelmann hatte sich wegen der Wanduhren mit seiner Tante auf einen Deal eingelassen. Tante Frieda hatte ihm ihre hochwertige Wanduhrensammlung (zwanzig Regulatoren und vier Kuckucksuhren) unter der Bedingung in Aussicht gestellt, dass nach ihrem endgültigen Abgang Siegesmund als Begleitung der Uhrensammlung zu Herrn Hinkelmann ins Haus wechselte. Dieses Gesamtpaket hatte sie testamentarisch verfügt und auf diese Weise für Siegesmunds sicheres Wohlergehen gesorgt. Beide Übernahmen, Uhrensammlung wie Kater, waren seit dem gestrigen Tage nun endgültig unter Dach und Fach, sodass

diesbezüglich Ruhe eingekehrt war.
Blieb noch das Überraschungserbe der Tante, das Schrankfach bei der Quakenbrücker Sparkasse, das erst gestern und völlig unvermittelt aufgetaucht war. Seitdem klebte es Herrn Hinkelmann als offenes Fragezeichen an der Backe. Der Inhalt des Schrankfachs war mehr als mysteriös: Lebkuchenherzen in einer Verpackung, die vielleicht nicht einmal vollständig war. Was Tante Frieda sich beim Inhalt des Fachs gedacht hatte, blieb vorerst ein Rätsel. Hier erwartete Herrn Hinkelmann möglicherweise noch eine saftige Überraschung, und Herr Hinkelmann dachte da vorzugsweise an eine Füllung aus Piemont-Kirschen. Was er so gar nicht gebrauchen konnte, waren neapolitanische Beimischungen, womöglich mit der Tendenz zu einer gewissen Unbekömmlichkeit.
Aber Genaues wusste er schließlich noch nicht!
Am besten, ich rufe gleich mal an und lege mit Trollscheidt den Termin auf heute fest. Dann ist die Sache mit den Lebkuchenherzen in Kürze gegessen.

*

Herr Hinkelmann wollte dem Sparkassenangestellten zehn Uhr vorschlagen, doch es dauerte, bis er endlich jemanden am anderen Ende der Leitung hatte. Er hörte ein Knacken und sah sich gezwungen, das Gespräch zu eröffnen.
„Hallo, wer ist denn dort? Spreche ich mit Herrn Trollscheidt?“
„Nein, sprechen Sie nicht! Sie sprechen mit der Polizei! Faden von der Kripo Quakenbrück. Und mit wem spreche ich?“
Was für ein schneidiges Auftreten!

Für einen kurzen Moment verschlug es Herrn Hinkelmann regelrecht die Sprache.
Polizei?
Auch noch Kriminalpolizei!
An der Telefonnummer konnte es nicht liegen, die hatte er sorgfältig gewählt.
Aber er hatte nichts an den Ohren und deshalb absolut richtig verstanden!
„Mein Name ist Hinkelmann, Heribert Hinkelmann. Und Sie sind von der Kriminalpolizei? In der Sparkasse? Und Herr Trollscheidt? Was ist mit dem? Kann ich ihn wegen eines Schrankfachs sprechen?"
„Persönlich wird das nicht mehr gehen und auch was das Schrankfach anbelangt gibt es Probleme. Die Schrankfächer wurden letzte Nacht eins nach dem anderen ausgeräumt, bis auf die Nummer 122. Hier haben der oder die Einbrecher eine Riesensauerei hinterlassen und offensichtlich versucht, mit dem Schneidbrenner Backwaren zu schmelzen. Vermutlich so eine Art persönliche Visitenkarte des Einbruchs. Oder aber die Bankräuber wollten sich rächen. Auch denkbar. Etwa weil sie in der 122 nichts Wertvolles gefunden haben. Ansonsten sind aus allen Schrankfächern die Wertgegenstände gestohlen worden!"
Er unterbrach sich kurz.
„Tut mir leid, Herr Hinkelmann, dass ich Ihnen keine besseren Nachrichten überbringen kann, aber nach erstem Eindruck hat sich Herr Trollscheidt den Einbrechern mutig entgegengestellt. Zu mutig, wie ich finde. Er könnte jetzt noch leben, wenn er nicht im Nebenraum der Sparkasse den Helden gespielt hätte!"

Er schnäuzte sich die Nase.
„Um welchen Schrankfachinhalt geht es denn bei Ihnen oder, besser gesagt, ging es bei Ihnen, Herr Hinkelmann?“
Im Hintergrund raschelte Papier.
„Ist es Schmuck oder Geld? Wir sind dabei eine Liste zu erstellen, um den Gesamtschaden zu beziffern und die Beute besser verfolgen zu können.“
Herr Hinkelmann spürte eine gewisse Peinlichkeit angesichts des weihnachtlichen Schrankfachinhalts und musste sich erstmal locker machen.
„Um Geld oder Schmuck geht es nicht. Es geht um etwas ganz anderes, also völlig anderes, es geht um eine Tüte Lebkuchenherzen mit Schokoladenüberzug, die, das hat mir Herr Trollscheidt gestern gesagt, überraschend aufgetaucht ist, im Schrankfach meiner verstorbenen Tante, die ich vor einiger Zeit beerbt habe. Herr Trollscheidt konnte sich die Sache auch nicht erklären.“
„Ist ja auch merkwürdig!“
„Ja, warum macht man so was? Lebkuchenherzen in einem Schrankfach aufbewahren! Ich würde meine Tante gerne fragen, aber sie kann seit einiger Zeit nicht mehr antworten.“
„Klar!“
„Möglicherweise könnte der Inhalt der Schokoladenherzen eine Rolle spielen.“
„Klar!“
„Da kommt vieles in Frage.“
„Klar!“
„Normalerweise besteht die Füllung, wenn es überhaupt eine gibt, aus Kirschmasse.“

Keine Antwort. Kommissar Faden blieb stumm und wartete offensichtlich weiter ab.
Herr Hinkelmann fragte sich, ob er vielleicht etwas Falsches gesagt hatte. Besonders umgänglich jedenfalls kam ihm das Verhalten des Kommissars nicht vor.
Oder war es kriminalistische Taktik?
Dann sollte ihm hier wohl auf den Zahn gefühlt werden!
Stand er etwa auf dem Prüfstand der Kriminalpolizei?
Doch wohl nicht er!
Was hatte er mit den Schokoladenherzen zu tun, wo er Lebkuchen überhaupt nicht mochte!
Aber Herr Hinkelmann wollte keinen Fehler machen, und was er überhaupt nicht wollte, durch falsches Verhalten negativ auf sich aufmerksam machen.

Also riss er sich zusammen und nahm seinerseits den Gesprächsfaden wieder auf.
„Herr Trollscheidt und ich wollten uns in der Sparkasse treffen und Genaueres gemeinsam herausfinden, was ja nun nicht mehr geht."
„Stimmt, Herr Hinkelmann!"
Wieder verstrich etwas Zeit, bis Faden weitersprach.
„Aber dann wissen wir jetzt, dass es sich zweifelsfrei um Ihr Schrankfach handeln muss, das Schrankfach mit der Schokoladensauerei, also das Fach Nummer 122. Übrigens hat man Herrn Trollscheidt direkt vor der 122 gefunden."
Er unterbrach sich kurz.
„Trollscheidts Finger klebten noch von der geschmolzenen Schokolade zusammen. In dieser Hinsicht sah er aus wie ein

Kleinkind, das bei einem Kindergeburtstag außer Kontrolle geraten ist. Allerdings mit Loch in der Brust."

Herr Hinkelmann wusste nicht, wie er die Sache aufnehmen sollte, betroffen oder gelassen. Er fragte sich, ob der Kommissar ihm etwas durch die Blume mitteilen wollte.

Dann allerdings etwas Unangenehmes!

Alles war mehr als mysteriös, und der Junggeselle musste sich eingestehen, dass die Zusammenhänge merkwürdig miteinander verklebt waren. Vor dem Schrankfach der Tante gab es einen Toten mit Schokolade an den Fingern. Und der hieß Trollscheidt und hatte Herrn Hinkelmann zur Abwicklung des Inhalts in die Sparkasse gebeten. Da war Trollscheidt noch lebendig gewesen war, was sich jetzt aber komplett anders darstellte.

Eine Entwicklung, mit der niemand rechnen konnte.

Er nicht und wohl auch Trollscheidt nicht!

In welch unsaubere Sache war er da dank Tante Friedas Erbe so ohne jede Vorwarnung hineingeschlittert?

Allmählich fing Herr Hinkelmann an, mit ihrer Person wenig Gutes zu verbinden und das von der Tante erhaltene Erbgut stückweise für sich umzuetikettieren, sodass, wenn er es offen und ehrlich beim Namen nannte, dabei exakt eins herauskam, nämlich weitergereichtes Unheil unter entfernten Verwandten.

Und wen wunderte das?!

Erst gestern hatte er das Problem mit dem lästigen Kater gelöst, und schon heute hatte er mit dem ermordeten Angestellten vor Tante Friedas Schrankfach ein neues Problem am Bein!

Und soviel leuchtete Herrn Hinkelmann durchaus ein: dass es

für seine Zukunft nichts Gutes bedeuten konnte, wenn Einbrecher ihre Wut an Lebkuchenherzen ausließen und Angestellten der Sparkasse wegen Weihnachtsgebäck in die Brust geschossen wurde.
Vorausgesetzt, es war der tatsächliche Grund.
Aber vermutlich ja eher nicht!
„Sind Sie sich absolut sicher, dass nicht doch etwas im Schrankfach zu finden war? Ich meine, in der geschmolzenen Schokolade? Irgendein Gegenstand? Möglicherweise zwischen den verklebten Fingern von Herrn Trollscheidt übersehen wurde?“
Jetzt machte er mit seinen Fragen schon die Arbeit der Kriminalpolizei. Dabei war das gar nicht sein Zuständigkeitsbereich. Er hatte doch nur das Schrankfach leeren und auflösen wollen. Und auch nicht als Wunschprogramm, sondern weil Trollscheidt es gestern als lästige Pflicht an ihn herangetragen hatte.
Weil er nunmal der Alleinerbe einer schillernden Italienerin war, die zu Lebzeiten so sehr geschillert hatte, dass selbst der Einsatz von Nebelkerzen vollkommen wirkungslos geblieben wäre. Jedenfalls, was den Onkel anging.
Der hatte sie eines Tages, zeitlich konnte man da durchaus von spätem Nachmittag sprechen, irgendwo entdeckt und umgehend, wenn nicht sogar überstürzt, geheiratet.
Ob Onkel Oswald ihr ursprünglich im Stadttheater begegnet war? Während ihrer Arbeit als Souffleuse im Holzkasten?
Schwer vorstellbar bei den Sichtverhältnissen.
Und als leidenschaftlicher Theatergänger war der Onkel in der Familie auch nicht gerade gehandelt worden.
Eher schon als Draufgänger und Strandläufer.

Bei seiner Arbeit als Maurer in einer Arbeitskolonne jedenfalls konnte er Tante Frieda nicht begegnet sein. Hieß es nicht, sie habe vor ihrer Verheiratung an einer Bundesstraße gelebt, ganz bescheiden und allein in einem Wohnwagen?

*

In diesem Augenblick beendete Kommissar Faden sein Schweigen.
„Ja, sicher, alles ist denkbar und die Umstände gewinnen durch den Einbruch eine neue Dimension. Der Einbruch passt nicht zu einem kleinen Ort wie Quakenbrück."
Wieder raschelte Papier.
„Die üblichen Delikte sind hier eher Tiermisshandlung oder Sachbeschädigung an Haustüren, beispielsweise durch Urinieren, eventuell auch mal ein Lebensmittelskandal in einem indischen Schnellimbiss. Aber ein Banküberfall dürfte weit über den Rahmen dessen hinausgehen, was Quakenbrücker Bürger für möglich halten."
In diesem Punkt stimmte Herr Hinkelmann Herrn Faden voll und ganz zu, blieb aber stumm, um bloß nicht den Gedankenfluss des Kommissars zu behindern. Er wartete. Aber vom anderen Ende der Leitung kam nun nichts mehr.
Während sie miteinander telefoniert hatten, war Siegesmund auf den Küchentisch gesprungen. Er hatte versucht, Herrn Hinkelmann von hier aus rücksichtslos Köpfchen zu geben, was ihm auch mehrmals gelungen war. Für Herrn Hinkelmann machte das die Konzentration auf das Telefongespräch nicht leichter. Das Tier störte, und der Tierhalter versuchte es mit der geöffneten Terrassentür, aber Siegesmund blickte

irritiert durch die Küche. Hartnäckig blieb der Kater auf dem Tisch und war nicht abzuschütteln.

„Entschuldigen Sie, Herr Faden, aber ich muss erstmal den Kater nach draußen schicken. Seit dem Tod meiner Erbtante wird er von mir versorgt. Ich bin gleich zurück.“

Er schnappte sich Siegesmund, setzte ihn unsanft auf der Terrasse ab und schloss wieder die Terrassentür. Dann war Herr Hinkelmann zurück am Telefon, und der Kriminalbeamte konnte nun die Frage stellen, die ihm wichtig erschien.

„Sie haben von Ihrer Tante mehr als ein Schrankfach mit Lebkuchenherzen übernommen?“

Herr Faden fragte mit unüberhörbarer Schärfe in der Stimme.

„Und was sonst noch? Ich meine, was genau haben Sie von Ihrer Erbtante alles geerbt? Abgesehen von dem Weihnachtsgebäck und dem Kater.“

Herr Hinkelmann setzte nicht gleich zur Erklärung an. Er überlegte, wie der Kommissar reagieren würde, wenn er von der Wanduhrensammlung erfahren würde. Es waren vierundzwanzig mehr oder weniger interessante Stücke, die ihren Besitzer gewechselt hatten. „Jede Uhr ein Unikat", hatte Tante Frieda immer stolz verkündet, „du solltest gut drauf aufpassen!" Für einen Erben kam da schon ziemlich was an Wert zusammen. Und Herr Hinkelmann musste kein Antiquitätenhändler sein, um sich grob eine Gesamtsumme errechnen zu können. In jedem Fall waren die Wanduhren eine hübsche Ansammlung von Werten, die hier tickend im Treppenaufgang hingen und sich zu festen Zeiten Gehör verschafften. Da gab es durchaus besondere Schlagwerke, die nicht jeder täglich im Ohr hatte und die als ernsthafte Raritäten einzustufen waren.

Was allerdings aus Herrn Hinkelmanns Sicht nicht auf die vier Kuckucksuhren zutraf.

Die waren nach seinem Dafürhalten gar keine Raritäten. Und wenn sie überhaupt etwas Besonderes waren, dann allenfalls besonders lästig, weil vier schlecht erzogene Holzvögel rücksichtslos ihrer Bestimmung folgten und selbstherrlich Zeitansagen raushauten, ob sie nun erwünscht waren oder nicht.

Herr Hinkelmann formuliert sein Problem

Und schon geschah, was zu jeder vollen Stunde völlig normal war.

Die Sammler-Unikate zelebrierten ihren Neun-Uhr-Auftritt. Alle Wanduhren im Treppenhaus legten einigermaßen gleichzeitig los. Glocken tönten und Kuckucke schepperten gnadenlos ihre Zeitmeldung in den Vormittag. Der Ohren betäubende Krach zwang Herrn Hinkelmann zu Lärmschutzmaßnahmen. Er schloss umgehend die Küchentür und machte sich Gedanken.

So viel Lärm während eines Telefonats musste ja beim Kommissar Fragen aufwerfen.

Oder, noch viel schlimmer, Misstrauen erregen!

Normal jedenfalls war der Radau in einem Haushalt nicht.

Dass sich die Wanduhrensammlung aber auch so offensichtlich in seinem Besitz befand!

Unter den Teppich kehren ließen sich die Uhren jetzt jedenfalls nicht mehr!

*

Wie Herr Hinkelmann befürchtet hatte, fragte der Kommissar prompt nach:

„Was ist denn da los bei Ihnen, Herr Hinkelmann? Ist alles in Ordnung? Oder soll die Polizei bei Ihnen mal vorbeischauen? Haben Sie gerade Handwerker im Haus? Oder wie lässt sich das Getöse in Ihrem Haus erklären?“

Handwerker?

Getöse im Haus?

Herr Hinkelmann fand zwar, dass die ungewöhnlichen Hintergrundgeräusche in seinem Hause der Frage volle Berechtigung verliehen, aber die Frage als solche gefiel ihm natürlich nicht.
Da wurde ein Thema berührt, das Herr Hinkelmann lieber komplett ausgespart hätte und das seiner Meinung nach unter dem Tisch viel besser aufgehoben war als darauf.
Aber zu spät!
Das verräterische Geläute der Uhrwerke hatte jetzt die Aufmerksamkeit des Kommissars auf Tante Friedas Sammlung gelenkt und die Situation für Herrn Hinkelmann zur Herausforderung anschwellen lassen.
Dabei war alles, was soeben uhrenmäßig stattgefunden hatte, aus Sicht eines jeden Wanduhrensammlers völlig harmlos und nicht mehr als reichlich Lärm um nichts, eben das übliche Gebimmel, das immer wieder gern von Uhrmachern in Wanduhren eingebaut wurde.
Als Sammler kannte man das ja.
Jetzt allerdings hatte das Gebimmel Herrn Hinkelmann in eine unangenehme Schieflage gebracht.
Nur weil mittlerweile die Zeit vorgerückt war und vierundzwanzig intakte Wanduhren schonungslos ihre Funktion erfüllt hatten, war wie aus dem Nichts beim Kommissar Misstrauen erregt worden. Von einer Sekunde auf die andere war Herr Hinkelmann mit seiner Uhrenmasse direkt und mitten hinein in den Fokus kriminalistischer Untersuchungen geraten und stand im Rampenlicht des Kommissars, voll angestrahlt und quasi als Lichtgestalt.
Die er gar nicht war, und auch nicht sein wollte!

Die Ankündigung des Kommissars, ihm einen Polizeibesuch abzustatten, strahlte daher so gar keine Beruhigung auf den Junggesellen aus und verzögerte seine Antwort.
„Herr Hinkelmann, ich hatte Sie nach dem Getöse bei Ihnen gefragt!“
Kommissar Faden ließ nicht locker, und Herr Hinkelmann hatte sich noch immer nicht zu einer Erklärung durchgerungen, weil er voller Sorge seine Situation beleuchtete.
Jetzt war er nicht nur verdächtig, weil er wegen eines mysteriösen Schrankfachs telefonischen Kontakt zu einem Toten gesucht hatte, sondern auch noch, weil er vierundzwanzig lärmende Wanduhren zuzüglich Kater besaß. Er fragte sich, ob ein vernünftiger Mensch ihm das zur Last legen konnte. Vielleicht Faden?
Möglicherweise hielt ihn der Kommissar ja schon in diesem Augenblick für einen der Täter, aufgrund von Umständen, die er sich weiß Gott nicht ausgesucht hatte.
In jedem Fall baute sich gerade ein größeres Problem auf!

*

Herr Hinkelmann gab sich Mühe, die Frage des Kommissars so zu beantworten, dass Faden keinen neuen Argwohn entwickeln konnte.
„Herr Faden, meine Tante war eine umsichtige Neapolitanerin, die immer gut vorgesorgt hat. Sie hat mir eine Sammlung von Wanduhren vererbt, insgesamt vierundzwanzig, und dazu einen Kater, der sich um die Wanduhren kümmert und sie von Ungeziefer freihält. Er gehört also als Beigabe unmittelbar zur Uhrensammlung. Deshalb lebt er jetzt bei mir und

die Wanduhren im Treppenhaus."
„Aha?!"
„Ja, und das Schrankfach meiner Tante mit seinem Inhalt dürfte in keinem Zusammenhang zum Kater oder zu den Wanduhren stehen, Herr Faden."
„Warum nicht?"
„Ich denke, weil der tote Herr Trollscheidt mich erst gestern über seine Existenz aufgeklärt hat, also nicht seine persönliche, der Mann war mir völlig unbekannt, sondern es ging um das Schrankfach. Über seine Existenz hat er am Telefon gar nicht erst mit mir gesprochen. Darüber weiß ich nichts und kenne den Mann auch nicht. Aber er war sehr daran interessiert, sich mit mir gemeinsam um das Fach zu kümmern.
Bei der Abwicklung des Erbes meiner Tante hat man damals vom Schrankfach nichts gewusst.
Herr Trollscheidt hatte das Fach mit seinem Inhalt vermutlich gerade erst entdeckt!"
„War das so?"
„Ja, Herr Faden, das muss so gewesen sein, denn nach Herrn Trollscheidts Anruf sollte ich mich so bald wie möglich bei ihm in der Sparkasse sehen lassen, zwecks Klärung und Übergabe des Inhalts. Deshalb rufe ich ja an! Aber nun sieht ja alles anders aus. Speziell mit Herrn Trollscheidt."
Herr Hinkelmann fragte sich, ob diese Erklärung nun ausreichte, um einen Anfangsverdacht zu zerstreuen und auf Faden den richtigen Eindruck zu machen oder ob der Kommissar etwas Konkretes gegen ihn in der Hand hatte und deshalb weiterhin nicht lockerließ.
Warum sonst wollte er ihm eine Streife auf den Hals schicken, um in seinem Haus nach dem Rechten zu sehen?

Er wartete gespannt auf eine Antwort, aber noch kam sie nicht. Auch der Kommissar schien die Informationen in seinem Kopf mehrmals umzuschichten.
„Herr Hinkelmann, Sie müssen nicht mehr vorbeikommen. Ich mache mich auf den Weg zu Ihnen. Bleiben Sie zu Hause, halten Sie Fenster und Türen geschlossen und machen Sie niemandem auf, solange ich nicht bei Ihnen bin. Bleiben Sie unbedingt, wo Sie sind.“

*

Da hatte er den Salat!
Das war die Katastrophe schlechthin, und er ging einfach mal humorlos damit um.
Schließlich befand er sich jetzt quasi schon unter Generalverdacht.
Dabei hatte er sich während seiner Urlaubstage nirgendwo aufgehalten außer auf seinem eigenen Besitz, und davon noch die meiste Zeit nicht im Haus, sondern ausgesperrt im Garten neben seiner weißen Gartenputte.
Zweifellos wollte Faden ihm etwas ans Bein binden oder sogar als Mühlstein um den Hals hängen.
Und so viel war klar:
Den Verdacht konnte er nicht auf sich sitzen lassen.
Er war keiner, der ein Schrankfach für kriminelle Machenschaften nutzte oder irgendwelche Wertgegenstände im Inneren von Lebkuchenherzen bunkerte, falls es denn darum ging.
Und was er ganz gewiss nicht war:
Trollscheidts Mörder!
Deshalb lag eins klar auf der Hand:
Der Verdacht muss weg!
Und es war völlig egal, wie!

Vielleicht will er mich ja gleich von der Haustür weg in Untersuchungshaft nehmen!
Von derart spontanen Polizeiaktionen hatte Herr Hinkelmann schon gehört und war dementsprechend alarmiert.
Weshalb sonst macht er sich auf den Weg?
Kam noch eine andere Erklärung in Frage?
Jedenfalls keine, die Herrn Hinkelmann in diesem Augenblick einleuchtete.
Offensichtlich hatte er sich ein klar konturiertes Problem eingehandelt, ein Problem, das schnell mal bei „lebenslänglich" enden konnte. Und vor diesem Problem die Augen zu verschließen, war nichts, was sich Herr Hinkelmann bei klarem Verstand empfehlen konnte.
Weiß Gott nicht!
Da lag es für den Junggesellen auf der Hand, dass er sich innerlich vorbereiten und für das in Aussicht stehende Treffen mit dem Kommissar wappnen musste.
Er würde warten, bis Faden persönlich bei ihm vorbeikäme. Dann würde er die Situation für sich verwenden und überzeugend, und das hieß „absolut unbescholten", vor dem Kommissar auftreten. Und durch die richtigen Erklärungen würde er jeglichen Verdacht schon im Ansatz ersticken.
So konnte sein Lösungsansatz aussehen.
Schon spürte Herr Hinkelmann angesichts des gefassten Entschlusses einen Hauch von Erleichterung und die Rückkehr von Lebensfreude.
Aber nicht, dass er unvorsichtig wurde!
„Gut, Herr Kommissar, ich bleibe zu Hause.
Und warte auf Sie."

Herr Hinkelmann sucht nach Entlastung

Aber als er aufgelegt hatte, kamen Herrn Hinkelmann sofort Zweifel, ob es das Richtige wäre, untätig zu Hause zu sitzen und ergeben auf sein Schicksal zu warten.
Wem konnte das nützen?
Bestenfalls der Kriminalpolizei!
Die konnte dann wieder ihre Ermittlungserfolge rausposaunen und sich in Pressekonferenzen herausstreichen. Nach dem Motto: Sind wir nicht eine tolle Behörde?! Wir setzen täglich unser Leben aufs Spiel, sorgen für Recht und Ordnung, lösen komplizierteste Fälle und arbeiten vierundzwanzig Stunden rund um die Uhr.
Bei „vierundzwanzig Stunden rund um die Uhr“ fiel Herrn Hinkelmann gleich wieder die Uhrensammlung ein, die nach seiner Einschätzung wie eine Zeitbombe im Treppenhaus tickte. Zumindest seit dem Gespräch mit dem Kommissar.
Schließlich hatte er seine Verdachtslage nicht nur dem toten Trollscheidt vor Tante Friedas Schrankfach zu verdanken, sondern mindestens genauso ihrer Uhrensammlung. Gerade wegen der Uhrensammlung hatte sich das Ganze nunmehr zu einem Doppelverdacht hochgeschaukelt. Was er ausschließlich der randalierenden Technik in den Wanduhren zu verdanken hatte.
Kuckucke als Schuldige mit dabei.
Dass Faden bei dem Getöse argwöhnisch geworden war, war für Herrn Hinkelmann völlig verständlich. Auch er selbst hätte an Stelle des Kommissars liebend gern gewusst, was da gerade Eventmäßiges in seinem Hause abging. Schließlich war er genauso wenig auf den Kopf gefallen.

Genau wie der Kommissar konnte er eins und eins zusammenzählen.
Und zu einem Ergebnis kommen.
Wertgegenstände wie Tante Friedas Wanduhren machten als Erbmasse jeden sofort und automatisch bei der Polizei verdächtig. Man hatte ein paar Wertgegenstände aus einer Erbmasse an der Wand hängen und schon wurde quasi ein ganzer Polizeiapparat losgetreten.
Und jeder Erbnehmer war natürlich gleich verdächtig hoch drei, wenn im Umfeld beziehungsweise im Randbereich der Wertgegenstände ein Mord passierte.
In Herrn Hinkelmanns Fall hieß Randbereich, dass der Mord im Nebenzimmer mit den Schrankfächern passiert war. Trollscheidt hatte genau hier sein Leben gelassen, und nicht zentral am Sparkassenschalter während eines klassischen Überfalls mit „Hände-hoch" und „Geld-raus".
Seine Leiche hatte ganz unverrückbar im seitlichen Nebenraum mit den Schließfächern gelegen, leblos vor Tante Friedas Fach mit den merkwürdigen Lebkuchenherzen.
Was schon mal ungewöhnlich war!
Und das Schlimmste an der Sache, das dem Ganzen sozusagen aus Herrn Hinkelmanns Sicht noch die Krone aufsetzte, war der Umstand, dass es völlig egal war, ob man die in Frage stehenden Straftaten bei der Wanduhrensammlung oder beim Sparkassenfach beginnen ließ. Immer führten die Spuren zielgenau wie der Flug einer Brieftaube zuerst zu seiner Tante und dann von der Tante direkt zu ihm.
Und endeten dort!
Wenn das nicht ausreichte, um sich etliche Gedanken zu machen!

Aber Flucht vor der Polizei, so Herrn Hinkelmanns Überlegung, war natürlich auch keine Lösung. Durch Flucht würde er sich nur noch verdächtiger machen.
Oder kam er jetzt zu voreiligen Schlüssen?
Möglich!
Herr Hinkelmann fing unverzüglich an, zum Thema Flucht alle Möglichkeiten aufzufächern.

Wenn er sich für ein paar Wochen (an Monate wollte er noch nicht denken) irgendwohin begab, und der passende Ort war gar nicht so leicht zu finden, würde er sich bestimmt auffällig verhalten. In diesem Fall würde Faden sofort nach ihm suchen lassen oder, was noch wahrscheinlicher war, eine Fahndung nach ihm ausschreiben. Da konnte er schon an der nächsten Hausecke von irgendeinem Nachbarn erkannt und bei der Polizei gemeldet werden.
Zum Beispiel von Kloppstock.
Der sowieso den ganzen Tag nichts anderes zu tun hatte, als aus seinem Giebelfenster zu schauen, um Nachbarn zu schikanieren.
Oder von Frau Adomeit!
Die auch genau wusste, wie er aussah.
Sich zu Fuß davon zu machen, war also unbemerkt nicht drin.
Und sich in einem Auto abzusetzen ebenfalls nicht.
Er hatte keins.
Und ein Leihwagen kam auch nicht in Frage, weil er keinen Führerschein besaß. Jedenfalls im Moment nicht. Und wenn er ihn zurückhatte, dann waren wieder Wochen vergangen.
Nun zog Herr Hinkelmann trotz fehlender Fahrerlaubnis eine Autovermietung näher in Betracht und beleuchtete das Buchungsprozedere.
Gewiss würde er bei der Anmietung ganz harmlos und wie nebenbei nach der geplanten Kilometerleistung gefragt werden.
Und was sollte er da angeben?
Etwa, dass er ein Ziel im Ausland ins Auge gefasst habe, aber nichts Genaues sagen könne, weil er selbst noch nicht wisse, wohin es eigentlich ging?

Nein, das war im Ganzen keine gute Idee.
Und im Halben auch nicht!
Da war, ob mit oder ohne Führerschein, die Autovermietung genauso wenig eine Lösung.
Blieb noch der Bus.
Aber der hielt nicht vor seinem Haus, sondern dreihundert Meter weiter links in Richtung Innenstadt.
Herr Hinkelmann stellte sich vor, wie er sich mit großem Gepäck (und mit Siegesmund) auf den Weg zur Bushaltestelle machte. Und lehnte im nächsten Moment eine Busfahrt kategorisch ab.
Klammheimlich und mit gepackten Koffern zu verschwinden war also aus Herrn Hinkelmanns Sicht so oder so nicht drin.
Und wenn er überhaupt noch weiter über eine Flucht nachdachte, dann musste sie auf jeden Fall anders gelingen.
Atypischer und unbedingt professioneller!
Er fragte sich, in welcher Weise er sich aus dem Haus schleichen konnte, zu Fuß und ohne erkannt zu werden.
Nur mit Tarnung!
Da war die richtige Kleidung gefragt, die passen und ihn glaubwürdig verändern musste. Seine gesamte Persönlichkeit musste sich in diesem Fall verwandeln.
In eine Person, die er nicht war.
Jemand, der aus triftigen Gründen ins Haus kam und es dann wieder auf ganz normalem Weg verließ.
Aber als was?
Als Schornsteinfeger? … Rettungssanitäter? … Zeuge Jehovas?
Berufsgruppen, die schwer zu imitieren waren!
Nein, so sah die Lösung seines Problems nicht aus.

Er brauchte Beweise, und zwar Beweise, dass er über jeden Verdacht erhaben war. Er brauchte eine Erklärung für Zufälle, die vermutlich keine waren.
Das Schrankfach mit den Schokoladenherzen und die wertvolle Uhrensammlung mit anhängigem Kater, das war aus Herrn Hinkelmanns Sicht der neapolitanische Knoten, der sozusagen zum Platzen gebracht werden musste.

*

Noch allerdings hatte er die Lösung des Problems nicht und kaute weiterhin am Bleistift!
In einem nächsten Schritt fing Herr Hinkelmann an, Fragen zu wälzen, die sich alle wie ein Kokon um das Thema „neapolitanische Tante“ legten.
Wozu hatten die Lebkuchenherzen Tante Frieda eigentlich gedient?
Einer Souffleuse vom Stadttheater, die dort in Spätvorstellungen souffliert hatte! Jedenfalls, so viel war klar, nicht als Soufflé. Obwohl der Einsatz der Schneidbrenner wiederum das Gegenteil signalisierte und eher doch für die Bearbeitung von Eierspeise sprach.
Wegen der zugeführten Hitze.
Aber deshalb so eine Sauerei zu veranstalten?
In jedem Fall hatten es die Bankräuber mit der Wärmezufuhr übertrieben! Und mit der korrekten Zubereitung von Eierspeise hatte das auch nichts mehr zu tun.
Hier geht es um etwas ganz Anderes, das spüre ich doch!
Herrn Hinkelmann sagte da der Zustand der Schrankfächer mehr als tausend Worte, auch wenn er noch gar nicht in der

Sparkasse gewesen war.
Er fragte sich nun, ob er überhaupt genug über den Bankraub wusste, und musste sich eingestehen, dass er bisher nur in Erfahrung gebracht hatte, was Faden ihm freiwillig rausgerückt hatte.
Und das war wenig!

*

Nun ließ Herr Hinkelmann seiner Vorstellungskraft für einige Zeit freien Lauf, um bei der Informationsbeschaffung allen zur Verfügung stehenden Ressourcen Rechnung zu tragen.
Er dachte konzentriert nach.
Als jedoch nichts kam und sich deshalb auf diesem Wege auch kein Lösungsergebnis zeigen konnte, wechselte er in einem letzten Versuch auf ein gänzlich anderes Gebiet.
Jetzt sah er sich in seiner Vergangenheit um. Vielleicht war auf diesem Wege weiterzukommen und irgendetwas abzuleiten, das für die Lösung seines Problems brauchbar war.
Zeit seines Lebens hatte er als Kleinstädter auf der Maschener Allee gewohnt, im Haus seiner Eltern, in der 32, einem hübschen Häuschen mit Stil und Verkleidung an der Fassade. Er hatte sich hier immer heimisch gefühlt. Selbst als sein Nachbar Kloppstock das Nebenhaus gekauft hatte, hatte er trotz Nachbarschaftsstreitigkeiten nicht an Auszug oder Verkaufen gedacht.
Er hatte sich lieber mit Kloppstock herumgeschlagen und sich auf die Vorteile seiner Wohnsituation eingeschossen, beispielsweise die Grünlage oder die ruhige Wohngegend mit den sich kümmernden Nachbarn.

Was jedoch würde er tun, wenn er doch ausziehen musste, um sich der Verdachtslage zu entziehen? Was blieb ihm dann sozusagen als seine letzte Möglichkeit, wo er doch nicht wegwollte? Da war er jetzt mal ehrlich zu sich selbst.
Nichts!
Gerade soviel wie ein dummes Gesicht.
Aber noch hatte er nicht alle Möglichkeiten zur Einschätzung der Gesamtlage genutzt. Zum Beispiel hatte er nicht die regionalen Radionachrichten gehört. Bei „Radio Quakenbrück lebt“ würde er vermutlich noch einiges mehr erfahren können.
Herr Hinkelmann setzte seine Idee unmittelbar in die Tat um, schaltete das Radio ein und landete mitten in einem Interview zum Sparkassenüberfall. Sofort war ihm klar, wer da der Reporterin Rede und Antwort stand.

Und es geht Ihnen nun wieder gut?

> *Ja, jetzt geht es schon wieder, aber gestern Abend konnte ich gar nicht einschlafen. Das war der schlimmste Sparkassenbesuch in meinem Leben.*

Werden Sie denn weiterhin Kundin der Sparkasse bleiben, Frau Adomeit?

> *Es ist zu schrecklich! Ein Toter! Ich kann es noch nicht fassen. Ich wollte nur auf der Sparkasse die Rechnung des Glasers bezahlen, und dann geschieht so etwas. Ein Überfall am helllichten Tag. Weiß man denn schon, wer die Täter sind? Ich meine, es muss doch eine Spur von den Tätern geben.*

Bei Frau Adomeits Frage nach den Tätern schaltete Herr Hinkelmann das Radio direkt wieder aus. Das musste er sich jetzt nicht von ihr anhören.
Nicht in seiner Situation!

Dann würden ihm bei seinem Zustand die Kurznachrichten um halb zehn weniger auf die Stimmung drücken.
Da klingelte es an der Haustür.
Herr Hinkelmann war zur Stelle und öffnete die Tür. Vor ihm stand Frau Adomeit und wirkte völlig aufgelöst. Herr Hinkelmann sah es, stellte sich aber sofort eine ganz andere Frage. Wieso stand sie vor seinem Haus?
Wieso nicht beim Radiosender, wo doch gerade eben noch ein Live-Interview mit ihr stattgefunden hatte? Oder sogar in diesem Moment noch stattfand. Dann erst bemerkte er, dass Frau Adomeit ein silbergraues Fellpaket auf Brusthöhe vor sich her trug. Offensichtlich handelte es sich dabei um Siegesmund.

*

Herr Hinkelmann wollte gerade fragen, was der Kater angestellt habe, da schnitt ihm dröhnender Motorenlärm das Wort ab. Ein weißer Kastenwagen fuhr vorbei und bretterte unter Vollgas in Richtung Stadtmitte. Der laute Motor zwang Herrn Hinkelmann zu warten, bis wieder Stille eingetreten war. Als er dann schließlich etwas sagen wollte, tauchte unvermittelt Kommissar Faden am Tor auf und verhinderte mit seinem Auftritt, dass sich Herr Hinkelmann um Frau Adomeit und den mitgeschleppten Kater kümmerte.

Herr Hinkelmann begegnet Kommissar Faden

In seiner preiswerten Kleidung widersprach der Kommissar völlig Herrn Hinkelmanns Erwartungen an das Erscheinungsbild deutscher Beamter im gehobenen Dienst.

Der Mann sah wirklich nicht nach Besoldungsgruppe dreizehn aus.

Aber dann dachte Herr Hinkelmann an den Inhalt der grauen Jackentaschen.

Handschellen!

Vorsichtshalber übersah er erst einmal Frau Adomeit samt Mitbringsel und konzentrierte sich mit größtmöglicher Höflichkeit auf den Kommissar.

Zu dessen Begrüßung schlug er einen fast herzlichen Ton an: „Sie müssen Kommissar Faden sein?!“

Herr Faden reagierte mit einem Kopfnicken.

„Das ging ja schnell! So bald hatte ich gar nicht mit Ihnen gerechnet!“

Sofort riss Frau Adomeit die Augen auf. Bevor ihr jemand zuvorkam, ergriff sie leidenschaftlich das Wort.

„Herr Kommissar, dieses Tier ist einem Anschlag zum Opfer gefallen!“

Wie zum Beweis hielt sie dem Kriminalbeamten den regungslosen Katerkörper entgegen und auch noch möglichst nah unter die Nase.

„Ich habe Herrn Hinkelmanns Siegesmund auf dem Bürgersteig gefunden, Herr Kommissar. Neben dem Tier lag Erbrochenes, das ganz komisch aussah, regelrecht verdächtig, und etwas Gewölle!“

Anstatt sich für das Tier zu interessieren, warf Kommissar Faden einen prüfenden Blick auf Herrn Hinkelmann. Allem Anschein nach war es ihm wichtig, bei der nachfolgenden Frage keine noch so kleine Regung in Herrn Hinkelmanns Mienenspiel zu übersehen.

„Ist das der Kater Ihrer Erbtante, Herr Hinkelmann, den die alte Dame hier auf dem Arm hält?"

Herr Hinkelmann fühlte sich taxiert.

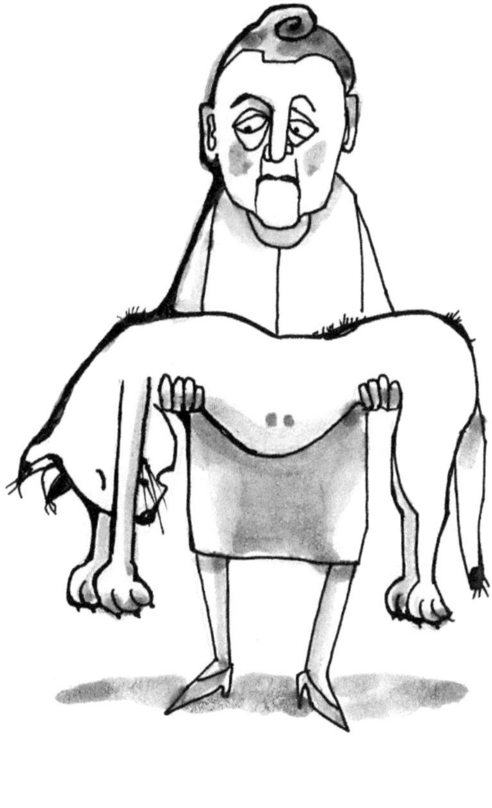

Er war um eine unverzügliche Antwort bemüht.
„Ja, Herr Kommissar, ganz recht, Frau Adomeit trägt meinen Siegesmund auf dem Arm!"
Noch immer hielt Frau Adomeit mit ganzer Kraft den Kater hoch.
„Dann nehmen Sie der alten Dame doch endlich mal die Last ab, bevor noch etwas passiert. Machen Sie schon! Schließlich gehört das schwere Haustier Ihnen!"
Sofort wendete sich Frau Adomeit samt Kater Herrn Hinkelmann zu, der aber immer noch nichts unternahm. Der Tierbesitzer war völlig verdattert und stellte sich verschiedene Fragen.
Ging es Faden gar nicht mehr um den toten Trollscheidt und das Schrankfach?
Bahnte sich da gerade vor seinen Augen noch ein weiterer Verdachtsfall gegen seine Person an?
Womöglich ging hier jemand davon aus, dass er dem Tier Schlimmes angetan hatte.
Schlimmeres als eine normale Fütterung!
Stand er jetzt auch noch hinsichtlich des Katers auf der Liste der vorrangig Verdächtigen?
„Ist das Tier tot oder lebendig?"
Kommissar Faden eröffnete nun seine Befragung und schickte sofort eine zweite Frage hinterher:
„Wer ist für den zweideutigen Zustand des Katers verantwortlich?"
Frau Adomeit war blitzschnell mit ihrer Antwort zur Stelle.
„Herr Hinkelmann natürlich, Herr Kommissar, aber er achtet ja gar nicht auf das Tier und schickt es den ganzen Tag nach draußen, weil es ihm so besser gefällt."

Die Betretenheit seitens Herrn Hinkelmann war nicht zu übersehen. Da hatte seine Nachbarin eine Schuldzuweisung vorgenommen, die jetzt bei ihm in den Schuhen steckte. Und womöglich schon im nächsten Augenblick unter seinen Sohlen klebte.

Und hängenblieb!

Herr Hinkelmann war sprachlos. Soviel Gemeinheit hatte er der alten Dame dann doch nicht zugetraut.

Aber noch immer war die erste Frage des Kommissars nicht beantwortet, was der Kater nun kurzerhand selbst vornahm. Er zuckte zweimal mit dem Schwanz und lieferte so gleich zwei sichere Beweise für seine Lebendigkeit.

„Was haben Sie dem Tier denn heute Morgen zu fressen gegeben, Herr Hinkelmann?"

Frau Adomeit stellte eine Frage, die der Kommissar direkt wiederholte:

„Ja, richtig! Was hat der Kater heute Morgen gefressen, Herr Hinkelmann? Sagen Sie es uns!"

Für Herrn Hinkelmann machte hier der Ton die Musik, und wie sich die Frage des Kommissars anhörte, klang sie eher nach Wagner-Oper mit großem Paukenschlag. Jetzt war Herr Hinkelmann wach und gewarnt. Sogleich stellte er wieder Überlegungen an.

Was ging die Fütterung seines Katers den Kommissar an? Gab es nichts Wichtigeres für den Mann? Zum Beispiel leere Schließfächer und eine Sparkassenleiche!

Herr Hinkelmann sah einmal mehr sein Wissen um deutsche Beamte bestätigt, nämlich dass sie kleinschrittig vorgingen und nach Belieben im Seiteneinstieg neue Fälle aufrollten. Dabei schreckten sie auch vor dem Nichtigsten nicht zurück.

In ihrer Arbeitswut lasteten sie sich mit Sinnlosigkeiten aus und stürzten sich, wie an seinem Fall bestens zu sehen war, kopfüber auf Kinkerlitzchen wie die Unpässlichkeit eines Katers.
Wodurch zweifellos jede Menge Steuergelder aus dem Fenster geworfen wurden.
Natürlich auch seins!
War da nicht deutlich mehr Bürgerwille gefragt?
Aber nach diesem emotionalen Ausbruch mahnte sich Herr Hinkelmann sofort wieder zur Beherrschung.
Jetzt lieber doch Willenlosigkeit!

*

Er zog es für den Moment vor, Faden ordentlich zu antworten und sich alles Weitere für eine andere Gelegenheit aufzusparen.
„Er hat Käse gefressen, Ziegenkäse aus spanischer Produktion, der lag auf der Fußmatte vor meiner Haustür, heute Morgen."
„Und das verfüttern Sie an Ihr Haustier?"
Der Kommissar klang skeptisch, als würde er Herrn Hinkelmann die Geschichte nicht wirklich abnehmen.
„Das ist doch das Tier aus der Erbmasse Ihrer Tante, das laut Ihrer Aussage zur Ungezieferbekämpfung eingesetzt wird? Oder bringe ich da etwas durcheinander? -
Da sollten Sie eigentlich mit mehr Sorgfalt vorgehen und nicht irgendetwas verfüttern. Außer natürlich, Sie führen anderes im Schilde und verfolgen einen bestimmten Zweck."
Da hatte er es! Sollte da gerade etwas angedeutet werden?

Klar!

Das Fiasko mit dem halbwegs kaltgestellten Siegesmund lastete der Kommissar ihm jetzt auch noch an.

Kam er denn als Täter für alles und jedes in Frage? Selbst für ein vorübergehendes Wegtreten bei Haustieren?

Als ob es nicht völlig ausreichte, der verdächtige Erbe einer Schrankfachtante zu sein, die ihm Wanduhrensammlung und Lebkuchenherzen zuzüglich Mordfall hinterlassen hatte. Sobald irgendwelche Entgleisungen in Quakenbrück zu bearbeiten waren, hatte Kommissar Faden dafür seinen Watschenmann. Und gerade wurde er auch noch mit einem dritten Verdacht abgewatscht:

Tiermisshandlung!

Und das alles in Anwesenheit von Frau Adomeit, die daran mit ihren tierbegeisterten Aussagen auch nicht ganz unschuldig war. Er musste sich umgehend rechtfertigen, entweder durch Worte oder durch Taten. Schon im nächsten Moment nahm Herr Hinkelmann Frau Adomeit den Kater ab. Dabei griff er bemüht liebevoll zu.

Während Herr Hinkelmann noch damit beschäftigt war, Siegesmund richtig auf seinem Arm zu lagern, fing der Kommissar an, sich neugierig im Eingangsbereich des Hauses umzuschauen.

Da fiel sein Blick auf den gelben Kaschmirpullover, den Herr Hinkelmann an der Garderobe auf einen Haken gehängt hatte, bis sich eine Gelegenheit ergeben würde, das ruinierte Kleidungsstück zu entsorgen. Der Pullover war an etlichen Stellen durchlöchert oder eingerissen, was vom Kommissar stirnrunzelnd registriert wurde.

Bevor er aber nachfragen konnte, klingelte sein Handy.

„Ja! Was gibt es?“
Kommissar Faden richtete seine Aufmerksamkeit jetzt nur noch auf den Anrufer.
„Interessant! Passt ins Bild! … Verstehe! … Ja, sofort handeln und nicht warten!“
Er legte auf.
„Wie es aussieht, ist etwas dazwischen gekommen, aber ich werde spätestens am Mittag noch einmal bei Ihnen vorbeischauen, Herr Hinkelmann. Ich bin hier noch nicht fertig. Aufgeschoben ist also nicht aufgehoben. Wir sprechen später weiter.“
Frau Adomeit war unzufrieden.
„Und was wird aus dem Kater? Hier muss doch ermittelt werden! Entweder gegen den Käse oder gegen den Tierhalter, Herr Kommissar!“
Doch der Kriminalbeamte war schon am Gartentor.
„Ich schicke zwei Kollegen vorbei, die sich der Sache annehmen, Frau Adomeit. So machen wir das. Die beiden Kollegen kümmern sich dann um die Sache mit dem Tier.“

Herr Hinkelmann kommt problemmäßig weiter

Der Kommissar war außer Sichtweite, und Herr Hinkelmann wollte jetzt endlich den Kater ablegen. Das Tier kam ihm bleischwer vor. Aber Frau Adomeit stand immer noch vor seiner Haustür herum und wirkte desorientiert. Herr Hinkelmann fragte sich, wie belastbar die alte Dame eigentlich noch war. Schließlich sagte er:
„Ich nehme Siegesmund mit in die Küche. Dort kann er sich erholen. Er wird schon wieder zu sich kommen, Frau Adomeit!“
Herr Hinkelmann erwartete, dass diese Ansage zu einer einvernehmlichen Trennung zwischen ihm und Frau Adomeit führen würde, aber seine Nachbarin bewegte sich nicht von der Stelle. Wie geistesabwesend hielt die alte Dame den Hauseingang besetzt.
Nun fragte sich der Junggeselle, ob alle alten Frauen so hartnäckig waren wie Frau Adomeit oder ob es doch nicht am Alter, sondern an Frau Adomeit selbst beziehungsweise ihrem Geschlecht lag.
Immer noch stand seine Nachbarin wie eingepflanzt vor der Haustür, und weil sie sich offensichtlich nicht wegbewegen wollte, sagte Herr Hinkelmann entschlossen:
„Ich mache jetzt die Tür zu! Und Sie gehen wieder nach Hause, Frau Adomeit!“
Aber noch immer rührte sich seine Nachbarin nicht, sodass sich Herr Hinkelmann gezwungen sah, keinen Zweifel aufkommen zu lassen.
„Das bedeutet, Frau Adomeit, unsere Wege trennen sich hier.“

Seinen Teil des Beschlusses wollte Herr Hinkelmann gerade in die Tat umsetzen und mit dem Fuß die Haustür zuschlagen, als der weiße Kastenwagen von vorhin auf der Straße vorbei rauschte, jetzt aber in Richtung Stadtgrenze. Diesmal fand Herr Hinkelmann gerade noch die Zeit, die Aufschrift auf der Längsseite des Fahrzeugs zu lesen.

Er stutzte.

Tierkrematorium Edelweiß?

So etwas gab es jetzt in Quakenbrück?

Er zuckte mit den Schultern. Das Gründen von Existenzen im Dienstleistungsbereich war nach Herrn Hinkelmanns Beobachtung in der Stadt reichlich in Mode gekommen.

Da schoss ganz schön was aus dem Boden!

Und ein Tierkrematorium, sagte er sich, war vermutlich nicht die schlechteste Idee. Irgendwo musste man mit seinem toten Haustier ja am Ende hin.

Warum also nicht in ein gutes Krematorium?

Aber was das betraf, war für Herrn Hinkelmann jetzt nicht der Zeitpunkt, sich weiter mit dem Thema zu befassen. Die Haustür flog zu, und Herr Hinkelmann war samt Kater unterwegs in die Küche.

*

Siegesmund hatte mittlerweile angefangen, in regelmäßigen Abständen zu zucken.

Dabei wechselten die betroffenen Körperteile. Mal zuckte ein Ohr, mal die Schwanzspitze, mal die eine oder andere Pfote.

Überall schien sich der Körper des Katers wieder mit Leben

zu füllen.
Jetzt wollte Herr Hinkelmann das Tier zeitnah ablegen, um dem Erwachungsprozess aus etwas Abstand beizuwohnen.
Herr Hinkelmann fragte sich, ob das Tier ihn nach der vorangegangenen Umnachtungsphase überhaupt als seinen neuen Besitzer behalten wollte. Schlussendlich war er es gewesen, der den ungenießbaren Käse an Siegesmund verfüttert hatte. Aus Sicht des Tierhalters war da eine Verstimmung auf Seiten des Haustiers absolut erklärlich, wenn nicht sogar ziemlich verständlich.
Eilig legte Herr Hinkelmann den zuckenden Kater auf dem Sessel ab und betrachtete die Katermasse.
Was für ein Anblick!
Siegesmund präsentierte sich seinem neuen Besitzer ohne jede Form.
Plump und füllig.
Weil der Bauch des Tiers, was nicht zu ignorieren war, regelrecht auf der Sesselfläche auseinander floss!
In jedem Fall war der Kater kein Kostverächter.
Das war für Herrn Hinkelmann an der Speckeinlagerung in der Bauchgegend klar zu erkennen.
Und dass Tante Frieda ihren Hausgenossen auf ein Podest gesetzt und immer bestens versorgt hatte, ließ sich nicht bestreiten. Diese Tatsache war bei Siegesmund in Kilogramm abzulesen.
Aber war deshalb der Kater das Ziel eines Mordversuchs geworden? Wegen Übergewicht?
Herr Hinkelmann hatte diesbezüglich Zweifel und fing nun an, sich mit Verschwörungstheorien zu befassen. Er ging systematisch die Abläufe durch. Das offene Käsepäckchen vor

seiner Haustür, der leblose Kater, das Erbrochene … alles fügte sich bei längerer Betrachtung für den Selbstermittler zu einem stimmigen Bild zusammen.
Mit Bedeutung!
Mit knapper Not war der Kater einer Vergiftung entgangen, die Herr Hinkelmann höchst persönlich dem Tier zugefügt hatte.
Wenn man da nicht deutlich eine Handschrift erkennen konnte! Aber nicht seine!
Ihm war nämlich der Ziegenkäse überhaupt nicht spanisch vorgekommen, der als angebrochenes Päckchen vor der Haustür gelegen hatte. Wer hatte also ein Interesse daran gehabt, dass er seinen Kater mit Käse vergiftete?
Doch wohl nicht Kloppstock!
Dann sprengte der Fall aber alle bisherigen Dimensionen des Nachbarschaftsstreits.
Ein Mordanschlag auf ein Haustier!
Da hätten auch andere Verfahren der Beseitigung zur Wahl gestanden! Und bessere!
Die dann nicht so stümperhaft geendet hätten.
Und dass der Direktangriff auf Siegesmund misslungen war, konnte er auch jetzt schon klar an den Zuckungen erkennen.
Da musste Herr Hinkelmann nicht die weitere Entwicklung abwarten.
Aber sollte er hinter der Panne wirklich Kloppstock vermuten?
Reihte sich der Anschlag nicht aufgrund seiner Handschrift irgendwie in andere Zusammenhänge ein?
Deutlich größere!

Ging es hier überhaupt noch um die gezielte Beseitigung eines Katers?
Herrn Hinkelmann kamen immer mehr Zweifel.

Herr Hinkelmann kombiniert auf höchstem Niveau

Der eingefleischte Zweifler versuchte sich nun darin, Ereignisse zu synthetisieren und kombinatorisch offen vorzugehen. Das machte jeder Kommissar so.
Da wurden Dinge verknüpft, die nicht zusammengehörten, und Verbindungen hergestellt, die abenteuerlich waren, ein Verfahren, das immer mit dem Äußersten rechnete und alles in Betracht zog, auch wenn die Zusammenstellung zunächst gar nicht in Frage kam. Für Herrn Hinkelmann hieß das, Käse und Schokoladenlebkuchen fallmäßig miteinander zu verbinden.
Konnte nicht durchaus ein Zusammenhang zwischen Käseanschlag und Sparkassenmord bestehen?
Vielleicht, sagte sich Herr Hinkelmann, gab es sogar zwischen den beiden Lebensmitteln starke Übereinstimmungen. Aber die musste man erstmal herausarbeiten!
Sogleich machte sich Herr Hinkelmann in einer Art Anfangsversuch an die Erkundung der Motivlagen.
In beiden Fällen war Mord das Motiv zum Handeln gewesen, soviel war Herrn Hinkelmann klar, und der oder die Mörder hatten sich bestimmt gute Gründe für ihr Handeln überlegt. Allerdings waren die Ergebnisse unterschiedlich!

*

Beim Sparkassenfall handelte es sich um einen erledigten Mord, der geglückt und deutlich über einen bloßen Versuch hinausgegangen war.

Ein Mord, den Trollscheidt nicht verhindert, sondern als Leiche überhaupt erst möglich gemacht hatte.
Herrn Hinkelmann leuchtete ein, dass im Fall des Käse-Köder-Anschlags die Dinge komplett anders lagen.
Hier waren die Bemühungen missglückt. Siegesmund hatte sich erbrochen und lebte noch, wenn auch momentan etwas reduziert.
Nun machte sich Herr Hinkelmann an die Details bei der Ausführung der Tat.
Unverkennbar unterschieden sich die Vorgehensweisen.
Trollscheidt hatte keinen Käse gefressen wie Siegesmund. Wenn er überhaupt etwas vor seinem Tod zu sich genommen hatte, dann Schokoladenlebkuchen, wegen der verklebten Finger.
Da sprachen Trollscheidts Finger eine deutliche Sprache.
Aber nach Herrn Hinkelmanns Dafürhalten musste auch die Leidenschaft betrachtet werden, mit der die Verzehrer in den beiden Fällen ans Werk gegangen waren. Herr Hinkelmann konnte nachvollziehen, dass der Kater sich aus Gier regelrecht auf den frischen Ziegenkäse gestürzt hatte.
Beim Charakter des Tiers völlig klar!
Er kam aber nicht umhin, einen überstürzten oder gar gierigen Verzehr der Backwaren bei Trollscheidt auszuschließen oder als absolut merkwürdig einzustufen.
Wegen der Jahreszeit!
Immerhin befand man sich mittlerweile im Monat März, und drei Monate nach Weihnachten konnten die Weihnachtslebkuchen unmöglich den vollen Genuss garantieren. Soviel war klar!
Gier kam also in diesem Fall als Motiv nicht in Frage.

Aber warum sollte sich Trollscheidt überhaupt auf Altbackenes stürzen?
Außerdem, und sozusagen noch zusätzlich, leuchtete es Herrn Hinkelmann einfach nicht ein, dass ein zeitlich verzögerter Verzehr Sinn und Zweck der Lagerung von Backwaren in einem Schrankfach der Sparkasse war, und zwar deshalb nicht, weil so weit nach Weihnachten an der Qualität der Lebkuchenherzen einiges zu bemängeln gewesen sein dürfte. Dafür konnte die Tante unmöglich den Aufwand betrieben haben.
So lange schob niemand bewusst den Verzehr von Weihnachtsgebäck hinaus, zumal, und in diesem Punkt sah sich Herr Hinkelmann als gut informierter Sparkassenkunde, kein Bankschrankfach mit einem Frischesiegel zertifiziert war. Eine qualitätvolle Lebensmittellagerung in einem Schrankfach der Sparkasse war also gar nicht möglich.
Und schied aus!
Ging es also bei den Lebkuchen nicht um hinausgeschobenen Verzehr?!
Nur, worum ging es dann?

*

Was Herr Hinkelmann ebenfalls ausschloss, war die Möglichkeit, dass die Lebkuchenherzen vor den Schrankfächern an Herrn Trollscheidt als eine Art letzte Mahlzeit verabreicht worden waren.
Von einer Henkersmahlzeit gehe ich auf keinen Fall aus.
Obwohl Trollscheidts Ende einer Art Hinrichtung in der Sparkasse gleichkam und daher, so gesehen, den ureigensten Anlass für eine Henkersmahlzeit voll und ganz erfüllte.

Schließlich waren Henkersmahlzeiten dazu da, dass man danach um sein Leben gebracht wurde. Aber irgendetwas passte nicht, und Herr Hinkelmann sträubte sich, schon ein Ergebnis zu haben.
Es gab keine überzeugenden Parallelen.
Wieso und warum, fragte er sich, hatte Trollscheidt deutliche Spuren von Schokolade an seinen Fingern, wenn er die Lebkuchenherzen weder hatte essen wollen, noch zum Verzehr ausdrücklich angehalten worden war?

*

Mittlerweile hatte sich Herr Hinkelmann denktechnisch völlig verwickelt. Aus dem Treppenhaus vernahm er jetzt einzelne Regulatorenschläge.
Es war schon halb zehn?
Du liebe Güte!
Sofort fielen ihm die Kurznachrichten ein, die er nicht versäumen durfte. Er schaltete eiligst das Radio ein. Aber den Anfang der Nachrichten hatte er schon verpasst.

> *... zeitgleich mehrere Tiere. Die Polizei ermittelt in alle Richtungen. Tierbesitzer sind besorgt. Die Polizei rät zu erhöhter Wachsamkeit. Noch gibt es keine verlässliche Spur. Sachdienliche Hinweise erbittet die Kriminalpolizei unter der folgenden Telefonnummer ...*

Herr Hinkelmann griff sofort zum Kugelschreiber und notierte sich die Nummer auf dem Rand seiner Einkaufsliste.

Mittlerweile hat die Polizei zur Ergreifung der Täter eine Belohnung in Höhe von 1000 Euro ausgesetzt.

Es entstand eine kleine Pause, dann folgte eine weitere Nachricht.

Razzia in einem indischen Schnellimbiss in der Innenstadt:
Wie die Staatsanwaltschaft Quakenbrück heute Morgen bekannt gab, wurde in den frühen Morgenstunden in der Quakenbrücker Innenstadt eine Razzia in einem indischen Schnellimbiss durchgeführt. Dabei wurde umfangreiches Beweismaterial sichergestellt, das nun von der Polizei weitergeleitet und ausgewertet wird. Die aus der Region Rajasthan stammende Familie hatte den Imbiss vor einem halben Jahr übernommen und dort umfangreiche Umbau- und Renovierungsmaßnahmen durchgeführt. Im Zusammenhang mit diesen Umbaumaßnahmen besteht nun ein vorläufiger Anfangsverdacht. Um den Erfolg der Ermittlungen nicht zu gefährden, verhängte die Staatsanwaltschaft Quakenbrück eine befristete Nachrichtensperre.
Keine weiteren Meldungen. Es folgt der Wetterbericht.

Herr Hinkelmann schaltete ab. Er ärgerte sich, dass er nicht alles von Anfang an mitbekommen hatte.
Was war mit den besorgten Tierbesitzern?
Und den Tieren? Und worum ging es beim indischen Schnellrestaurant wirklich?
Offensichtlich ging es um ein und den selben Imbiss in der Innenstadt, seinen indischen Chicken-Tiki-Taka-Lieferanten.
Aus Herrn Hinkelmanns Sicht war klar, dass es hier nicht mehr um einen läppischen Fleischskandal ging. Das sicherlich nicht!
Denn was hatten Umbaumaßnahmen mit einem Fleischskan-

dal zu tun! Aber was hatte die Polizei weitergeleitet?
Nach so vielen unbeantworteten Fragen verlor sich Herr Hinkelmann in den Tiefen seines zerebralen Systems. Noch einmal rief er die Bilder in seinem Gedächtnis ab, den Ablauf der Bestellung, das kleine Lieferauto, den Inder mit dem Turban, die Alupäckchen.
Hatte der Inder nicht merkwürdig auf die beiden Polizisten reagiert?
Mit seinem Turban!
Herr Hinkelmann fragte sich, welches Geheimnis unter der landestypischen Kopfbedeckung wohl versteckt war. Da kam vieles und eigentlich alles in Frage. Zweifellos machte der Turbanträger keinen angepassten Eindruck.
Jedenfalls nicht für Quakenbrück.
Aber daraus schon etwas abzuleiten, das den Imbiss-Betreibern vorzuwerfen war?
Meistens waren es ja, was man immer so hörte, bei Asia-Grills eher Unstimmigkeiten in punkto Hygiene.

*

Dann allerdings entwickelte Herr Hinkelmann einen fast kühn zu nennenden Gedankenzusammenhang, der Umbau und Fleischskandal in eine Beziehung zueinander setzte.
Vielleicht hatte die Familie aus Rajasthan ja so umgebaut, dass geheime Lagerräume entstanden waren, die zur Fleischaufbewahrung genutzt wurden?
Zum Beispiel Katzenfleisch!
Er fragte sich, wie naheliegend die Wahrscheinlichkeit war, dass Umbauarbeiten eine kriminelle Richtung einschlugen

und eine Baumaßnahme derart entgleiste, dass daraus ein Verbrechen wurde.
Bei Kloppstock total nah!
Und beim indischen Imbiss?
War es in Betracht zu ziehen und keineswegs abwegig.
Deshalb also die Umbauerei?
Für Fleischlagerung aus illegaler Fleischbeschaffung!
In diesem Fall aus Quakenbrücker Quellen!
Aber Herr Hinkelmann wollte nicht aufgrund voreilig gezogener Schlüsse unfair gegen die ausländische Gastronomie sein und hielt sich dazu an, kein abschließendes Urteil zu fällen.
Jedenfalls noch nicht!
Jetzt war nicht der richtige Moment.
Zwar baute heutzutage nahezu jedermann merkwürdige Dinge. Bestes Beispiel für Herrn Hinkelmann war da Kloppstock mit seinem Garagenneubau, ein Neubau, der nach Herrn Hinkelmanns Maßstäben überhaupt nicht in die Landschaft der Maschener Allee passte.
Das Konzept war schon im Ansatz verfehlt.
Aber die Tatsache, dass von Nachbarn Absonderliches oder Hässliches geplant wurde, machte für Herrn Hinkelmann nur bei Kloppstock eine Straftat aus.
Andere wollte er da auf keinen Fall vorverurteilen.

Herr Hinkelmann baut sich eine Erklärungskette

Auf dem Sessel geriet jetzt Siegesmund immer mehr in Bewegung. Unablässig schwenkte er seinen Schwanz hin und her und wirkte so lebendig, als säße der Kater sprungbereit vor einer Maus. Aber noch lag sein Körper als plumper Sack ausgebreitet auf der Sitzfläche des Sessels. Immer wieder wanderten Zuckungen über Siegesmunds Fell. Auch seine Augen zuckten, waren jedoch weiterhin geschlossen. Insgesamt aber hatte die Lebendigkeit des Katers zugenommen, und das Tier war eindeutig auf dem Weg der Besserung. Mittlerweile schätzte Herr Hinkelmann die Lage entsprechend positiv ein.

Soviel stand jedenfalls fest: Tot war der Kater nicht.

Aber auch die Vermutung, dass das Tier vergiftet worden war, überzeugte Herrn Hinkelmann nach den gemachten Beobachtungen nicht mehr so recht.

Siegesmund hatte sich kein weiteres Mal erbrochen, sondern war langsam, aber stetig vitaler geworden.

Für Herrn Hinkelmann sprach das viel eher für eine Betäubung. Klar!

Ein mit Käse betäubter Kater macht ja auch viel mehr Sinn, als ein Kater, der durch vergifteten Käse für immer ungenießbar wird!

Jedenfalls aus Sicht eines Schnellimbiss'.

Vergiftete Tiere auf der Speisekarte unterzubringen, war mit Sicherheit gefährlich, weil in der Auswirkung ungesund.

Da musste sich nur ein Gast mit Magenbeschwerden melden, und man hatte das Gesundheitsamt auf der Pelle.

Aber bei einem betäubten Tier sah alles ganz anders aus. Wem leuchtete nicht sofort ein, dass ein Fleischverzehr am besten bei einer Betäubung umzusetzen war? Ging die Betäubung zurück, hatte man lebendiges Frischfleisch, das auf vier Beinen und ohne Verfalldatum herumlief und jederzeit nach Bedarf auf den Tisch gebracht werden konnte.
Hier in Quakenbrück und getarnt als indisches Vorzeigegericht!
Wenn man bloß für die richtige Zwischenlagerung sorgte!
Zum Beispiel schalldicht nach einem Umbau in einem Kellerraum.
Das ist es doch!
Bei Herrn Hinkelmann war von jetzt auf gleich ein Dämmerzustand in geistigen Sonnenschein verwandelt. Er strahlte auch äußerlich vor Freude und war sich schlagartig sicher, dass er erklärungstechnisch auf dem besten Weg war. Jetzt sah er sich schon als halben Kommissar, der alles im Griff hatte.
Der Käse sollte Siegesmund nur betäuben. Damit gehörte das Tier offensichtlich zur Gruppe der Fleischopfer. Diese Zielgruppe war gefährdet durch die Fleischbeschaffungskriminalität, die in einem derartigen Imbiss ihre Blüten trieb und, wie es aussah, vor nichts Halt machte.
Jetzt wuchs bei Herrn Hinkelmann die Überzeugung, dass er absolut richtig lag. Puzzleteile hatten sich nunmehr passgenau aneinander gefügt und bestätigten als lückenloses Gesamtbild seine frisch entwickelte Theorie.
Das war ohne Frage ein in sich stimmiges Konzept.
Schon zeigte sich der fulminante Abschluss seiner kriminalistischen Denkarbeit.

Herr Hinkelmann hatte die Lösung bei den Hörnern gepackt und ließ sie nicht mehr los. Er ging mit voller Kraft in eine zweite Denkrunde und ließ seinen Gedanken den nötigen Freiraum.
Wer dann Chicken-Tiki-Taka bestellte, eröffnete eine weitere Opfergruppe, die aus den Kundenopfern bestand, Kunden, die sich dann zwar durch den Verzehr von Hauskatzen nicht immer sofort die Gesundheit ruinierten, sich aber mit einem saftigen Verstoß gegen deutsche Lebensmittelgesetze konfrontiert sahen.
Das war es doch!
Das war das Ei des Kolumbus.
Und er hatte es gefunden!

*

Sobald die beiden angekündigten Polizisten bei ihm vorbeischauen würden, könnte er mit der Lösung des Falls aufwarten. Jetzt, wo er quasi die gesamte Aufklärung geleistet hatte, überfiel Herrn Hinkelmann ein rundum gutes Bauchgefühl.
Nun freute er sich schon regelrecht auf den Besuch der Polizei.
Was allerdings die Lebkuchenherzen und Herrn Trollscheidt betraf, tappte er auch zu diesem Zeitpunkt noch immer im Dunkeln.
Gehört habe ich über beide Angelegenheiten schon so einiges, aber gesehen habe ich weder Trollscheidt noch die Backwaren.
Auch nicht deren Reste.

Was die Reste des Bankangestellten betraf, waren die mit großer Wahrscheinlichkeit schon im Leichenkeller der Kriminalpolizei gelandet. Das galt im Übrigen genauso für die Reste der Lebkuchenherzen. Auch davon war, so beurteilte es Herr Hinkelmann, in der Sparkasse nur noch wenig zu sehen, denn das meiste davon klebte an Trollscheidts kühl eingelagerten Männerfingern.

In beiden Fällen, und das hatten die Fälle wiederum gemeinsam, lohnte sich deshalb kein Besuch in der Sparkasse.

Folglich kam Herr Hinkelmann zu dem Schluss, dass er getrost dem Kommissar Folge leisten und in aller Ruhe zu Hause bleiben konnte.

Er musste jetzt einfach nur auf Fadens Besuch warten.

Herr Hinkelmann gerät in eine Polizeiaktion

Herr Hinkelmann wurde bei der Fortsetzung seiner Denkprozesse gestört, weil es schon wieder bei ihm klingelte.
Ein Vormittag wie im Bienenstock!
Es ging rein und raus.
Er öffnete und sah sich mit den beiden Polizisten konfrontiert, die er schon zur Genüge kannte. Auch die Polizisten sahen das nicht anders.
„Wir sind es, Herr Hinkelmann, wegen Ihres Katers. Kommissar Faden schickt uns."
„Ach, ja!"
„Ja! Ihr Kater ist das Opfer eines Anschlags geworden und wir sollen ermitteln!"
Das Wort „ermitteln" gefiel Herrn Hinkelmann.
Hatte er nicht beste Ergebnisse zu bieten?!
Jedenfalls seine Überlegungen zum Fall Siegesmund waren abgeschlossen. Und Siegesmund als Opfer zu bezeichnen, deckte sich perfekt mit seinen Ermittlungsergebnissen.
Deshalb sagte er: „Das betäubte Tier liegt auf dem Sessel in der Küche, meine Herren. Es zuckt immer noch ein wenig, aber das gehört wohl zur Betäubung dazu. Gehen Sie in aller Ruhe gemäß Dienstanweisung vor."
„Betäubung?"
Der kleine Polizist fragte nach, als hätte er nicht ganz richtig verstanden. Der große Polizist stellte sofort einen Zusammenhang zu seinem Informationsstand her und wurde amtlich:
„Sie haben das vergiftete Tier zusätzlich noch betäubt, Herr Hinkelmann?"

Dann fügte er hinzu:
„Sie wissen schon, dass Sie da nicht gemäß Ihrer Fürsorgepflicht gegenüber Tieren gehandelt haben! So machen Sie sich auf jeden Fall strafbar! Da handeln Sie eindeutig gegen bestehende deutsche Gesetze. Führen Sie uns jetzt bitte unverzüglich zum Beweisstück!! Und damit meine ich Ihr Tier."
Das war eindeutig eine Belehrung mit der Tendenz zur Zurechtweisung. Herr Hinkelmann fühlte sich großflächig auf den Schlips getreten.
Hier waren nach seinem Dafürhalten weder Inhalt der Botschaft noch Tonlage passend gewählt.
Zeigte er sich nicht immer gegenüber der Polizei auf breiter Front kooperativ und in jeder Hinsicht als mitdenkender Zeitgenosse?
Langsam reichte es ihm, wie ein Verbrecher behandelt zu werden.
Ohne tatsächlich einer zu sein!
„Meine Herren, Sie können gern noch ablegen, bevor Sie mir in die Küche folgen. Das Tier befindet sich, wie schon gesagt, auf meinem Sessel. Aber das sehen Sie dann ja selbst. Sie werden mir schon glauben, sobald Sie sich selbst ein Bild gemacht haben."
Der kleine Polizist hatte bei der Einladung zum „Ablegen" reflexartig zu seinem Pistolengürtel gegriffen und angefangen, sich daran zu schaffen zu machen, bekam aber im selben Moment von seinem Kollegen einen Stoß in die Rippen. Bei hoch rotem Kopf stoppte er deshalb seine Aktion.

„Wir legen nicht ab“, klärte der Große die Situation, „wir legen zu, und zwar einen ganzen Schritt, Herr Hinkelmann. Führen Sie uns jetzt umgehend zu Ihrem Kater.“

*

In der Küche war Herr Hinkelmann dann nicht mehr pikiert. Das Tier, das da auf dem Sessel lag, zeigte weder Anzeichen von Betäubung noch von Vergiftung. Siegesmund lagerte putzmunter auf der Sesselfläche und leckte sich die Vorderpfoten. Der Kater war intensiv mit Pflegemaßnahmen beschäftigt, und der Besuch der Polizisten schien ihn überhaupt nicht zu berühren. Ungeniert machte er weiter, spreizte seine Zehen und pflegte deren Zwischenräume.

„Donnerwetter, Herr Hinkelmann“, der größere Polizist fand zuerst Worte, „das hätten wir von Ihnen nicht gedacht, dass Sie uns mit Falschaussagen an der Haustür abwimmeln wollen! Gut, dass wir uns durchgesetzt haben und uns nun selbst einen Eindruck von der Wahrheit Ihrer Aussagen machen können.“

Der kleinere Polizist nickte eifrig mit dem Kopf und hielt sich nun mit beiden Händen an seinem Pistolengürtel fest. Dann sagte er:

Donnerwetter, Herr Hinkelmann! Das hätten wir nicht gedacht! Der Zustand wirft kein gutes Licht auf das Tier!“

*

Seitdem der Tierhalter die Küche betreten hatte, fehlten ihm die Worte. Angesichts der Indizienlage sagte er jetzt kraftlos

und zerschlagen: „Das hätte ich auch nicht gedacht!"
Siegesmund hatte Herrn Hinkelmann wieder einmal auf ganzer Linie zum Narren gehalten. So jedenfalls sah es Herr Hinkelmann.
Das Tier wechselte seine Zustände wie andere Leute ihre Unterwäsche!
Was sollte er jetzt noch zu seiner Verteidigung vorbringen? Die gesamte Verdachtslage hatte sich in diesem Moment potenziert und noch einmal in eine einzige Richtung verschoben.
In seine!
Und egal was er sagen würde, Herr Hinkelmann ging davon aus, dass die beiden Polizeibeamten ihm sowieso nicht glauben würden.
Dank der Beweislage auf dem Sessel!
Dass es keinen betäubten Kater gab, war ja nur zu offensichtlich, und mindestens genauso offensichtlich war, dass er Angaben gemacht hatte, die nicht zutrafen. Da verstanden die beiden Beamten bestimmt keinen Spaß.
„Wir werden Kommissar Faden über unsere Beobachtungen in Ihrem Hause in Kenntnis setzen."
Der große Polizist wirkte entschlossen und der kleine eierte hinterher.
„Wir werden unseren Chef in Kenntnis setzen, und Sie werden dann schon sehen, Herr Hinkelmann!"
Der Blick des großen Polizisten teilte Herrn Hinkelmann noch Zusätzliches mit, nämlich dass er schon bald sehen werde, was er von seinen Falschaussagen im Endeffekt hätte.
Eindeutig nahmen die Dinge keine schöne Entwicklung.
Herr Hinkelmann ließ die Schultern hängen.

Noch hatte er, was seine Person betraf, keinerlei Verdacht entkräftet. Eigentlich war das Gegenteil der Fall.
Er hatte sich noch tiefer reingeritten!
Und der handfeste Wissensvorsprung, den er sich bei der Auflösung des Falles um den schädlichen Käse verschafft hatte, brachte ihm auch keine Pluspunkte bei der Polizei, denn das interessierte die beiden Beamten allem Anschein nach gar nicht.
Wie Herr Hinkelmann die polizeilichen Ermittlungen einschätzte, handelte das Polizistenteam auf der Basis eines eingemotteten Informationsstands, und das war der Wissens-

stand, mit dem Kommissar Faden die beiden Uniformträger losgeschickt und auf ihn angesetzt hatte. Die Polizisten gingen somit davon aus, dass er die Beamten mit falschen Angaben zum Kater-Fall an der Nase herumführen wollte. Und Herr Hinkelmann fragte sich, was man ihm nun im Kern vorwerfen werde.
Und natürlich um den Kern herum!
Behinderung der Polizeiarbeit?
Irgendwie drehten und wirbelten die Ermittlungen der Polizei ständig Kreise, die sich letzten Endes immer wieder als gefährlicher Abwärtssog um seine Person herausstellten. Herr Hinkelmann wurde einfach mitgerissen, obwohl oder weil er reichlich mit Verdacht beschwert war, Verdacht, der an seiner Person wie Pech klebte und sich wie böser Ballast im Strudel der Polizeiarbeit auswirkte.
Zurzeit sah er jedenfalls keinen Aufwärtstrend.
„Es tut mir Leid, meine Herren, dass ein falscher Eindruck entstanden ist! Aber ich hoffe doch, dass sich alles zu meinen Gunsten aufklären wird!"
Während der Katerbesitzer noch nach weiteren Erklärungsmöglichkeiten suchte, gingen die Polizeibeamten schon zur Tür und überhaupt nicht weiter auf Herrn Hinkelmann ein. Beim Verlassen der Küche zogen die Polizisten sozusagen den Schlussstrich unter ihren Besuch und warfen dem Tierhalter einen letzten vernichtenden Blick zu.

Herr Hinkelmann übersieht das Wichtigste

Da passierte es.
Abgelenkt, wie der Tierhalter durch das Gespräch mit den beiden Polizisten war, hatte er völlig die Zeit aus dem Auge verloren und deshalb versäumt, gegenüber den Beamten eine Warnung vor seiner Uhrensammlung auszusprechen.
Diese Leichtsinnigkeit forderte jetzt ihren Preis, denn eine der Kuckucksuhren schickte in diesem Augenblick ihren vorwitzigen Kuckuck auf Reise.
Das fröhlich bunte Holzvögelchen schaute in einem ersten Schritt zunächst harmlos aus der Uhr heraus. An seiner Spiralfeder gehalten und dabei leicht hin und her schwankend, nahm der hölzerne Vorbote der neuen Tageszeit für einen kurzen Moment prüfende Sicht auf die Situation im Hause Hinkelmann. Und was der Kuckuck da sah, schien ihn umgehend in Wallungen zu versetzen.
In einem zweiten Schritt riss er wütend den Schnabel auf und machte sich übersteuert an seine Arbeit.
„Kuckuck!“ Zurück ins Haus!
„Kuckuck!“ Zurück ins Haus!
„Kuckuck! ….!“
Zehnmal hintereinander würde sich das in Hitze geratene Vögelchen jetzt zu Wort melden, wenn sich ihm im Verlauf seiner Zeitarbeit keine Hindernisse in den Weg stellten und man es ungeniert sein Temperament austoben lassen würde.
Aber nur wenn!
Denn der kleine Polizist sah das anders.
Aufgeschreckt durch die Kuckucksschreie aus dem Treppenhaus, die er nicht als Zeitansage deutete, sondern als neckisch

bösen Scherz gegen seine Amtsperson, packte der Kleine mit seiner Rechten die Pistole am Gürtel und richtete sie beim dritten Kuckucksschrei waagerecht in Richtung Treppenaufgang.
Der vierte Kuckucksschrei löste dann unvermeidlich den Schuss aus.
Ohne wirkliches Ziel machte sich die Kugel auf den Weg.
Und traf!
Es war die zuunterst aufgehängte Kuckucksuhr, die die Situation auszubaden hatte.
Das Gehäuse der Uhr wurde an seiner schönsten und empfindlichsten Stelle getroffen. Der geschnitzte Giebel zersplitterte in alle Richtungen. Holzteilchen trafen auch die höher hängenden Wanduhren.
Ein anderer Kuckuck wurde frontal erwischt, blieb aber aufgrund seines Hartholzes heil. Dann schlug die Kugel endgültig in die Hauswand ein.
Die zerstörerische Kraft der Holzteilchen hatte mit einem Schlag die gesamte Uhrensammlung aktiviert und die Schlagwerke untereinander solidarisch gemacht.
Als müssten sie nun zum gemeinsamen Schusswechsel gegen den kleinen Polizisten ansetzen, mischte sich jede, aber ausnahmslos jede Wanduhr ein und zeigte, was sie als Beitrag so draufhatte.
Es kuckuckte und bigbängte im Treppenhaus, was auch nur irgendwie möglich war. Schallwellen aus allen Richtungen umzingelten die Polizisten und rollten brutal über sie hinweg.
„Kuckuck!“
Und noch einmal:
„Kuckuck!“

Dann war es still.
Der kleine Polizist stand jetzt völlig unter Schock. Der große ebenfalls. Die deutsche Polizei, hier vertreten durch zwei tapfere Beamte, war sekundenlang außer Gefecht gesetzt, was wiederum auf einen nicht zutraf, nämlich auf Siegesmund!
Das Tier hatte sich sofort nach dem Pistolenschuss unter den Küchentisch verkrochen und wartete dort zunächst die weitere Entwicklung ab. Und Herr Hinkelmann, der Besitzer der Sammlung und Uhrenhauptverantwortliche, überlegte, wie er am besten aus der Sache wieder herauskommen könnte. Allerdings sah er nach dieser aus seiner Sicht kompromittierenden Aktion seiner Sammlerstücke für sich kaum noch eine Chance.
Was für ein Fiasko!!
Die Perspektive der Polizisten auf die Wanduhrensammlung hatte sich jetzt garantiert ins Ungute verschoben. Nun würde auch die Uhrensammlung in den Bericht der beiden Polizisten eingehen, aber gewiss nicht als Sammlung antiquarischer Wertgegenstände.
Nicht bei soviel moderner Dynamik und Aggressivität!
Aber als was?
Doch wohl nicht als illegal im Haus installierte Selbstschussanlage!?
Herr Hinkelmann sah sich mit dem Schlimmsten konfrontiert. War nicht bei der heutigen Ausbildung der Polizei alles möglich und in Betracht zu ziehen? Auch Falschdarstellungen in einem Bericht!? Phantasie vorausgesetzt!
Und ganz bestimmt durfte man nicht provozieren, wie seine Wanduhren es gerade mit Erfolg geschafft hatten! Man sah ja, was dabei herauskam.

Nun war es Herrn Hinkelmann wichtig, dem Besuch der beiden Beamten einen freundlichen Abschluss zu geben und sich von den Beamten möglichst zügig zu verabschieden.
Am besten mit einem gut platzierten Kompliment.
Herr Hinkelmann dachte nicht lange nach und sagte dann mit anerkennendem Unterton:
„Eine beachtliche Schnellschusswaffe, die Sie da haben!"
Und um die Polizeiaktion des Kleinen irgendwie gesund zu beten:
„Sowie eine rasant schnelle Reaktion Ihrerseits.
Alle Achtung! Das nenne ich perfekte old school!"
Der kleine Polizist, der das beste Exempel für dienstlichen Übereifer an der Waffe abgegeben hatte, war dabei, seine Pistole umständlich im Pistolenholster zu verstauen.
Herr Hinkelmann beobachtete ihn dabei und wurde nachdenklich.
„Hatten Sie jemanden im Treppenhaus vermutet?"
Der Kleine nickte.
„Es sah mir auch danach aus! Deshalb also die schnelle Reaktion! Allerdings wohne ich seit dem Tod meiner Eltern … allein, ich meine, lediglich mit Haustier in diesem Haus!"

*

Langsam fand der große Polizist wieder zu einer polizeimäßigen Haltung zurück. Eigentlich wollte er jetzt nur noch nach draußen und zurück zum Auto.
„Herr Hinkelmann, wir werden auf dem Revier die Geschehnisse schriftlich dokumentieren. Wir werden Kommissar

Faden ebenfalls mündlich informieren. Zur Sicherheit. Wir werden …“

In diesem Moment meldete sich Herrn Hinkelmanns Telefon zu Wort. Die für plötzliche Geräusche sensibilisierten Polizeibeamten zuckten zusammen und blickten sich irritiert an. Aber es war kein Handy-Anruf, sondern ein Anruf auf Herrn Hinkelmanns Festnetz. Sofort nutzten sie die Gelegenheit, sich aus dem Staub zu machen.

„Auf Wiedersehen, Herr Hinkelmann!“

Beide waren schon an der Haustür, als Herr Hinkelmann erklärte:

„Da muss ich abnehmen! Bitte entschuldigen Sie, meine Herren!“

Herr Hinkelmann findet eine Spur

Herr Hinkelmann war froh, dass der unangenehme Besuch der Polizeibeamten schlagartig beendet worden war. Er konnte guten Gewissens auf Besuche dieser Art, das heißt mit derart zerstörerischem Ausgang, verzichten.
Klaffte da nicht eine gewaltige Rechtslücke zwischen Polizei und Bürger?
Das kannte man ja!
Nach dieser Erfahrung schien es Herrn Hinkelmann, als könnten sich Polizeibeamte alles erlauben, ohne zur Rechenschaft gezogen zu werden.
Da tobten sich Bewaffnete in seinem Haus aus und zielten dreist auf Unschuldige, in diesem Fall Kuckucksuhren. Und rechtfertigten ihren Einsatz mit Ermittlungsarbeit wegen eines vergifteten Katers, der gar nicht vergiftet, sondern nach Herrn Hinkelmanns Prognose nur betäubt war.
Wenn das nicht falsch verstandenes Engagement im Polizeiberuf war!
Mit einem Ausgang, den gewiss niemand gutheißen konnte!
Auch nicht der Vorgesetzte!
Überall im Treppenhaus lagen Holzsplitter herum, die Herr Hinkelmann jetzt wegräumen durfte. Und mehr Klarheit hinsichtlich des Falls war auch nicht entstanden.

*

Und damit nicht genug! Zu allem Überfluss hatte sich nun auch noch das Büro bei ihm gemeldet und ihn im Urlaub gestört.

Frau Sauermann, die Sekretärin seines Chefs, hatte ihn mit Herrn Kloster verbunden, der schlecht gelaunt nach dem vermissten Büro-Laptop gefragt hatte, den Herr Hinkelmann unbedingt und auch noch möglichst schnell vorbeibringen sollte.
Nur wann?
Schließlich hatte er zurzeit alle Hände voll zu tun.

*

Herr Hinkelmann holte Handfeger und Kehrblech und begab sich zur Stimmungsaufbesserung an die Aufräumarbeit in seinem Treppenhaus.
Wie viele Uhren hatten wohl Schaden genommen?
Herr Hinkelmann wollte sich einen Überblick verschaffen und fing ganz oben im Treppenhaus mit dem Zusammenfegen der Holzteilchen an.
Es waren kleine bis feinste Splitter, die er verstreut auf den Treppenstufen wiederfand und die hinsichtlich ihrer Holzart und Provenienz kaum zuzuordnen waren. Eine Reparatur der Absplitterungen war für Herrn Hinkelmann kaum mehr zu leisten.
Nicht bei dem Schaden!
Während er sich allmählich tiefer bewegte, wurde er fast sentimental und erinnerte sich an die besseren Zeiten der Uhrensammlung.
Damals hatte Tante Frieda gleich einem Adler ihre Klauen und Fittiche über die Sammlung gehalten und sich als knallharte Schutzpatronin vor die Wanduhren gestellt.

Für einen Augenblick stand ihm das Bild der Tante vor Augen, ihr strenger Knoten und die rot lackierten, spitz zulaufenden Fingernägel.

Ein Erscheinungsbild, das erstmal Respekt einflößte.

Was hier mit den Wanduhren passiert war, konnte Tante Frieda unmöglich gefallen.

Er stellte sich vor, wie sie reagiert hätte, wenn sie in diesem Moment zur Tür hereingekommen wäre, und was sie für ein Gesicht gemacht hätte, wenn sie die Beschädigungen an Uhren und Wand entdeckt hätte. Ihr italienisches Temperament wäre gewiss beim Anblick des Schadens wie ein Vulkan ausgebrochen und hätte alleAnwesenden mit heißen Worten unter sich begraben.

In dieser Hinsicht war Tante Frieda eine waschechte Neapolitanerin.

Da hätte kein Polizist, auch kein bewaffneter, bei vollem Verstand gewagt, sich mit ihr anzulegen, geschweige denn sich ihr womöglich in den Weg zu stellen.
Auch Onkel Oswald war immer bewusst vorsichtig mit ihr umgegangen.
Je tiefer sich Herr Hinkelmann nun nach unten fegte, desto größer nahm sich sein Ärger aus.
Was hatte ein einziger deutscher Beamter hier angerichtet!
Jedenfalls soviel war klar, weder Onkel noch Tante hätten sich einen derart unverschämten Polizeieinsatz bieten lassen.

*

Im nächsten Moment war Herr Hinkelmann überrascht und stoppte sein Tun.
Blitzte ihm dort aus der Ecke nicht etwas entgegen?
Herr Hinkelmann bückte sich, um besser sehen zu können.
Als Nächstes legte er den Handfeger aus der Hand und hielt einen Gegenstand zwischen den Fingern.
Ohne Frage ein Schlüssel!
Wo kam der denn so plötzlich her?
Von den Polizisten konnte ihn keiner verloren haben, hier im Treppenhaus, wo sie nur hineingeschossen, sich aber während ihres Besuchs keinen Augenblick aufgehalten hatten.
Das Schlüsselchen musste beim gezielten Schuss auf die Kuckucksuhr herausgefallen sein, entweder aus der getroffenen Kuckucksuhr selber oder aber aus einer der drei anderen Schwarzwälder Wanduhren. Vielleicht sogar dem frontal getroffenen Kuckuck direkt aus dem Schnabel!
Und das Schloss zum Schlüssel?

Herr Hinkelmann setzte sich auf die Stufen, um besser nachdenken zu können.
Das war zweifellos ein mysteriöser Fund, der bis in die Vergangenheit der Uhrensammlung reichte.
Kein Zweifel!
Oder sogar mit dem Schrankfach 122 zu tun hatte!
War nicht zum Öffnen eines Schrankfachs immer ein Schlüssel erforderlich!?
Genau wie zum Abschließen! Er hatte allerdings noch nie ein Schrankfach bei der Sparkasse angemietet.
Herr Hinkelmann ergoss sich in weiteren Überlegungen, die aber allesamt nach kurzer Zeit im Sande verliefen und dadurch jede mögliche Erklärung schon an der Basis trockenlegten. Ihm fiel zu dem Schlüssel weiter keine sinnvolle Erklärung ein.
Es gab eigentlich nur diese.
Der Schlüssel hatte mit Tante Friedas Sparkassenfach zu tun und gehörte zum Fach 122.
Am besten, er rief in der Sparkasse an und erkundigte sich nach dem Aussehen der Schrankfachschlüssel. Dann würde er schon sehen, ob er richtig lag. Auf diesem Weg war gewiss weiterzukommen. Vorerst aber legte er seinen Fund direkt neben die Einkaufsliste.

Herr Hinkelmann wird im Ganzen bestätigt

Herr Hinkelmann hielt schon den Telefonhörer in der Hand, da stoppte ihn abermals die Klingel an seiner Haustür. Wieder einmal stand jemand vor der Tür und wollte ihn sprechen. Heute rissen weder die Besuche ab, noch konnte er sich seine Gäste aussuchen. Beim Öffnen erwartete Herr Hinkelmann, Kommissar Faden zu sehen, aber es war wieder Frau Adomeit.

„Haben Sie es im Radio gehört, Herr Hinkelmann?“

Frau Adomeit war außer sich.

„Haben Sie es gehört oder nicht, Herr Hinkelmann? In Quakenbrück sind mittlerweile mehrere Katzen verschwunden.“

Dann hielt sie für Herrn Hinkelmann ein Bonbon bereit:

„ Auch Herrn Kloppstocks Amadeus!“

Diese Neuigkeit wurde sofort von Herrn Hinkelmann als Bonbon gelutscht und traf auf sein volles Interesse. War dem Kloppstock also schon wieder der Kater abhanden gekommen. Zum zweiten Mal in so kurzer Zeit. Gut!

„Und warum, Frau Adomeit?“

„Weil in unserer Gegend Katzen betäubt und eingesammelt werden. Vor mehreren Häusern hat präparierter Käse gelegen. Die Katzen haben den Käse gefressen und lagen dann betäubt irgendwo herum, wo sie eingesammelt wurden.“

„Eingesammelt?“

„Ja, Herr Hinkelmann!“

Und wer macht das?“

„Das ist die Frage, aber vermutlich, so hieß es in den Nachrichten, der indische Schnellimbiss. Ein weißer Kastenwagen fährt die Straßen ab und sammelt die Tiere ein, sobald sie herumliegen. Der Fahrer trägt einen Turban! Das spricht nicht für ihn, aber für sich! Beim Inder gab es aber auch eine Razzia und die soll, wie man sagt, Beweise geliefert haben."

*

Teils war Herr Hinkelmann überrascht, teils war er sehr zufrieden, wobei Letzteres zum größeren Teil zutraf. Ab sofort wurde seine Betäubungstheorie durch Fakten untermauert, Fakten, auf denen seine persönliche Beweiskette schon lange steil aufgetürmt war.

Das war schön!

Er lag schon die ganze Zeit völlig richtig und wusste Bescheid, und das gänzlich ohne Frau Adomeits Einmischung.

„Aber überführt ist die Familie nicht, Herr Hinkelmann. Wir, also die Quakenbrücker, will ich sagen, sollen alle vorsichtig und wachsam sein. Wir sollen auf unsere Katzen aufpassen. Das heißt, wer jetzt überhaupt noch ein Tier hat!"

Herr Hinkelmann überdachte Frau Adomeits Schlusssatz. Im Gegensatz zu seinem Nachbarn Kloppstock befand sich Siegesmund immer noch irgendwo in der Küche. Das Tier wurde offensichtlich unverschämt vom Glück verfolgt, und das schon den zweiten Tag. Schließlich, und für den Kater glücklicherweise, hatte Frau Adomeit das betäubte Tier eingesammelt und nicht der Turbanmann mit seinem weißen Kastenwagen.

„Mein Kater lebt, Frau Adomeit! Sie haben ja selbst vorhin das bewusstlose Tier abgegeben und sind dem Turbanmann zuvorgekommen." Er klopfte der zarten Frau Adomeit fast schon begeistert auf die Schulter.

„Das war Siegesmunds Rettung! Was für ein Glück, nicht wahr!“

Aber dann streifte Herrn Hinkelmanns Blick den ruinierten Kaschmirpullover, der immer noch an der Garderobe hing und auf eine Entsorgung wartete. Auch jetzt ärgerte sich Herr Hinkelmann noch über den Schaden, den Siegesmund zu verantworten hatte, was in diesem Moment Frau Adomeit, nicht verborgen blieb. Ihr Gesichtsausdruck zeigte die entsprechenden Zweifel an Herrn Hinkelmanns Aussage.

Deshalb sagte der selbsternannte Glückspilz:

„Siegesmund! Sein Werk! Da bleibt nur noch die Entsorgung!“

Frau Adomeit war entsetzt.

„Herr Hinkelmann!! Wie können Sie …!!“

„Nein, nein! Nicht, was Sie denken.“

Zur zweifelsfreien Klarstellung wollte Herr Hinkelmann nun das Missverständnis an der Wurzel packen und ausräumen. Mit seiner Rechten ergriff er den Pullover und spannte ihn wie eine Fahne zwischen beide Hände.

„Sehen Sie, Frau Adomeit, den muss ich entsorgen. Nicht, was Sie denken!“

Dann schob er sich an Frau Adomeit vorbei durch die Tür und verstaute die gelbe Resttextilie in der schwarzen Tonne.

„Das war der Kater.“

*

Frau Adomeit war nun beruhigt. Tiere genossen bei ihr jede Art von Freiheit, bis hin zur totalen Freisetzung eines Tiers. Da war ein zerrupfter Pullover aus ihrer Sicht gänzlich

Nebensache.
Sie wollte nun Herrn Hinkelmann trösten und ihm ein wenig Lebensanschauung mit auf den Weg geben.
„Ist ja nur ein Pullover, den man ersetzen kann. Aber ein Tier, das kann man nicht ersetzen, das ist einzigartig, das gibt es auf dieser Welt nur einmal, und wenn dann ein Kastenwagen kommt und ein Tier verschleppt, dann ist das wirklich schlimm."
Sogleich rief sich Herr Hinkelmann ein in der Tiefe seines Gedächtnisses verstautes Bild in frische Erinnerung.
„Sagen Sie, Frau Adomeit, trägt der Kastenwagen eine Aufschrift, und zwar Tierkrematorium Edelweiß? Wissen Sie das? Genau so einen weißen Kastenwagen habe ich nämlich heute hier in der Straße gesehen."
„Oh, das weiß ich nicht. Das müssen Sie den netten Kommissar fragen. Oder die beiden Kollegen, die er schicken wollte."

*

Der Verweis auf die beiden Polizisten erzeugte bei Herrn Hinkelmann wenig Freude.
„Die waren vorhin schon da und haben mir das ganze Treppenhaus zerschossen, entsprechend sieht es jetzt bei mir aus. Aber in der Küche ist alles heil geblieben."
„Zerschossen?" Frau Adomeit runzelte die Stirn. Dann schlug sie die Hände vor den Mund und riss die Augen weit auf. Sie hatte begriffen und war schockiert.
Frau Adomeit, die immer ihre ganze Kraft einsetzte, um anderen zu helfen, war überhaupt keine Freundin von Gewalt. Auch nicht, wenn die Gewalt von der Polizei ausging.

Sie liebte das friedliche Nebeneinander, sowohl bei Tieren als auch bei Menschen. Da war das Ergebnis eines Schusswechsels nichts, was sie sich unbedingt ansehen wollte. Auch nicht mit einer guten Tasse Kaffee in der Hand bei fest verschlossener Küchentür.
„Vielen Dank, Herr Hinkelmann, das ist nett von Ihnen, aber ich muss wieder zurück. Aufgeschoben ist aber nicht aufgehoben!"
Sie wackelte davon.

*

Frau Adomeits Satz erinnerte Herrn Hinkelmann schlagartig wieder an sein Sparkassenproblem, Kommissar Faden und seine festgefahrenen Ermittlungen in eigener Sache. Er musste seine Unschuld beweisen und war mit seiner Beweisführung noch nirgendwo gelandet.
Eher gestrandet!
Immer noch befand er sich in übereinander geschichteten Verdachtslagen, und Herr Hinkelmann wagte gar nicht, sich jeden einzelnen Verdacht vorzunehmen, um Ordnung zu schaffen.
Da verzichte ich lieber auf eine aufwändige Sortierung in Haupt- und Nebenverdächtigungen!
Nach seinem Dafürhalten musste er mit den privaten Nachforschungen weiterkommen, um Ergebnisse liefern zu können, wenn Faden gegen Mittag aufkreuzte und ihm irgend etwas zur Last legte, was er sowieso nicht getan hatte.

Herr Hinkelmann erleidet viele Anschuldigungen

Zurück in der Küche, überlegte Herr Hinkelmann, ob es angezeigt wäre, den Kater aus Sicherheitsgründen im Haus zu halten.
Aber dazu sah er dann doch keine Notwendigkeit.
Gewiss war Siegesmund, davon ging Herr Hinkelmann aus, nicht so leichtsinnig, zweimal an einem Tag Ziegenkäse zu fressen, der ihm todsicher nicht bekam. Mit einem leichten Schubs beförderte er den Kater nach draußen und gefiel sich dabei.
Zumindest diesen Teil des Erbes hatte er im Griff.
Jetzt war es wichtig, in der Sparkasse anzurufen und sich nach dem Aussehen der Schrankfachschlüssel zu erkundigen.

*

Herr Hinkelmann wählte die Nummer der Sparkasse. Diesmal nahm eine Frau ab.
„Sparkasse, Filiale Kreuzplatz, Hänsel am Apparat. Was kann ich für Sie tun?"
Herr Hinkelmann war froh, dass er nicht wieder Kommissar Faden am anderen Ende hatte und dem schneidigen Kriminalbeamten Rede und Antwort stehen musste.
„Hinkelmann ist mein Name. Frau Hänsel, ich habe eine Frage zu Schrankfachschlüsseln. Könnten Sie mir da vielleicht weiterhelfen?"
„Ja, sicher, Herr Hinkelmann, fragen Sie nur!" Die Stimme klang bereitwillig.

„Wie kann ich Ihnen weiterhelfen?"
„Ich habe einen Schlüssel gefunden, der zum Schließfach 122 gehören könnte, aber sicher kann ich es nicht sagen."
Die Angestellte am anderen Ende hatte ihm aufmerksam zugehört.
„Moment bitte, Herr Hinkelmann!"
Es knackte in der Leitung.

*

„Faden am Apparat, ich spreche mit einem Herrn Hinkelmann? Dem mir bekannten Herrn Hinkelmann?"
Dann veränderte sich die Stimmlage ins Unangenehme.
„Herr Hinkelmann, das sind doch bestimmt Sie, der hier wegen Schrankfachschlüsseln anruft!"
Vor lauter Schreck stülpte Herr Hinkelmann sein Innerstes nach außen und präsentierte dem Kommissar offen sein Gefühlsleben. Da gab es nach Blankziehen nur Schock und Entsetzen.
Er sagte kurz:
„Heribert Hinkelmann, Jahrgang 1962." Dann verstummte er wieder bei angehaltenem Atem.
„Ja, ich weiß!"
Kommissar Faden wurde amtlich.
„Der Schrankfacherbe von der 122, ledig und wohnhaft Maschener Allee Nummer 32. Der Hausbesitzer mit dem silbergrauen Haustier, das möglicherweise vergiftet, aber nicht eingesammelt wurde. Und der Erbe der Uhrensammlung, die Frau Frieda Oswald geborene Pontifiori gehört hat, die … aber lassen wir das jetzt!" Er stoppte seine Auflistung.

„Sie haben einen Schlüssel gefunden und wollen ihn abliefern?“
Der Kommissar wartete gar nicht erst auf eine Antwort.
“Prima, Herr Hinkelmann! Dazu haben Sie schon in wenigen Minuten Gelegenheit! Bei mir persönlich! Ich mache mich jetzt sofort auf den Weg zu Ihnen. Bis gleich!“
Dann wurde umgehend aufgelegt.
Herr Hinkelmann fiel wie ein abgeschossenes Rebhuhn auf seinen Küchenstuhl.
Wenn das kein Schuss in seine Richtung war, der ihn bei vollem Höhenflug getroffen hatte!
Quasi während seiner eben erst angelaufenen Ermittlungsarbeit bezüglich Schrankfachschlüssel!
Nachforschungsarbeit, die von größter Wichtigkeit war.
Jetzt aber wieder gestoppt und schon zu Ende!

Bis zum Erscheinen des Kommissars blieb ihm noch gerade genug Zeit, um die Reinigung des Treppenhauses zu Ende zu bringen.
In einem letzten Kraftakt fegte Herr Hinkelmann einzelne Holzsplitter auf sein Kehrblech und war damit einige Zeit beschäftigt. Als er fertig war, machte er sich auf den Weg zur Mülltonne. Er öffnete die Haustür und war erschüttert.
Da stand Kommissar Faden an der geöffneten Tonne und hielt den Deckel in der Hand, während er mit gerunzelter Stirn in die Mülltonne schaute. Er sprach seinen Satz in das Innere der Tonne.
„Sie haben einen Pullover entsorgt, der offensichtlich Kampfspuren aufweist! Mit wem hatten Sie eine Auseinandersetzung, Herr Hinkelmann?"
Er drehte seinen Kopf.
„Kann es sein, dass Sie der Polizei etwas mitzuteilen haben?"

*

Auch das noch!
Der Mann steckt in alles seine Nase!
Und ist schon bis auf wenige Zentimeter herangekommen, an den Restmüll in der Schwarzen Tonne und seinen vermeintlichen Täter, den ich jetzt abgeben soll.
Mit der linken Hand hielt der Kommissar nun die Textilie in die Höhe.
„Was ist hier passiert?"
Herr Hinkelmann überlegte nicht lange.
„Das war so, Herr Kommissar, der Pullover befand sich einige Tage in meinem Dienstkoffer. Erst als Siegesmund sich ebenfalls im Koffer befand, hat er Schaden genommen."

Sofort wurde er vom Kommissar in schroffer Weise unterbrochen.
„Ihr Kater befand sich in Ihrem Koffer?"
Seine Stimme verriet unterdrückte Aggression.
„Da wundert es mich nicht, wenn das Tier Schaden nimmt. Und wozu steckte der Kater im Koffer? Wollten Sie ihn ersticken? Oder vielleicht unweit von hier mitsamt Gepäckstück ersäufen?"
Dann erinnerte sich der Kriminalbeamte an den Kater, der am Vortag im Paket verschickt worden war, eine Aktion, die im Polizeiapparat ziemliche Wellen geschlagen hatte.
„Oder wollten Sie ihn etwa auf bequeme Weise per DHL zu Tode transportieren lassen? In letzter Zeit soll das hier im Ort bei der Entsorgung von Tieren die neue Praxis sein!"
Mit bohrendem Blick wartete er kurz auf Herrn Hinkelmanns Reaktion, die aber nicht kam.
„Wozu steckt man einen Kater in einen Koffer? Erklären Sie es mir! Ich bin bisher davon ausgegangen, dass Haustiere im Haus herumlaufen und ihrem Besitzer Freude bereiten!"
Was musste er sich da anhören!
Nichts als gemeine Anschuldigungen!
Herr Hinkelmann sah sich jetzt schon als halbes Justizopfer. Und für die andere Hälfte als unwahrscheinlichen Pechvogel. Galt für ihn als Alteingesessener seines Heimatorts überhaupt noch die Unschuldsvermutung?
Was fragte der Kommissar nach einer Erklärung, wo es für Zufälle keine Erklärung gab!
Der Kofferdeckel hatte zufällig hochgestanden, und genauso zufällig war Siegesmund mit dem Deckel in Berührung gekommen.

Oder hatte der Kater etwa absichtlich den Kofferdeckel umgestoßen?
Nach Herrn Hinkelmanns Dafürhalten konnte man Verschlagenheit zwar in Betracht ziehen, aber bei Siegesmund von krimineller Energie auszugehen, war dann doch zu dick aufgetragen.

Und setzte letztendlich planmäßiges Vorgehen auf Seite eines Haustiers voraus, was eigentlich unwahrscheinlich war.
Im Moment jedenfalls war auf die Frage keine Antwort zu bekommen, weil Siegesmund sich sowieso draußen im Garten befand und anderes zu tun hatte.

Herr Hinkelmann ging dazu über, an seiner Verteidigung zu stricken.
„Nicht ich habe den Kater in den Koffer gesteckt … „
Er wurde von Kommissar Faden sofort unterbrochen.
„Aha! Dachte ich es mir doch! Sie haben also noch einen Komplizen! Wer ist es denn? Vermutlich Ihr Nachbar Kloppstock! Das ist doch der Mann mit dem Kater im Retourenpaket! Die Parallelen drängen sich ja förmlich auf! Würde dann auch perfekt zusammenpassen! Zwei Gleichgesinnte! Ein Handlungsmuster!"

*

Immer noch hielt der Kommissar den Pullover in der Hand.
„Oder geht es gar nicht um den Kater? Alles ist nur ein taktisches Manöver, um von dem Kernverbrechen abzulenken. In Wirklichkeit geht es um ganz große Kriminalität, um Bankraub, Mord und die Wertgegenstände in den Schrankfächern."
Bei dem Wort „Schrankfächer" fiel ihm wieder der Grund ein, warum er gekommen war.
„Geben Sie mir gleich mal den Schlüssel vom Schrankfach Ihrer Tante! Nach der Entwicklung der Ermittlungen muss es der Schlüssel zur 122 sein. Jetzt wird sich schnell zeigen, ob wir richtig liegen mit unseren Vermutungen."
Der Kommissar streckte seine Hand aus. Herr Hinkelmann gehorchte, ging zum Küchentisch und händigte den Schlüssel aus.
Kommissar Faden war jetzt in Fahrt gekommen und schleuderte mit Schlüssel und Pullover in je einer Hand weitere

Tatkonstruktionen in den Vormittag.
„Ich denke, es war wohl so: Trollscheidt wurde handgreiflich und hat den Pullover in diesen Zustand versetzt, weil Sie, Herr Hinkelmann, den Pullover auf ihrem Körper trugen, als Sie Trollscheidt angegriffen haben! Trollscheidt war Ihr Komplize, und Sie wollten sich von Ihrem Komplizen trennen, wegen der Beute im Schrankfach! Geben Sie es zu! Es kam zu einer tätlichen Auseinandersetzung, zwischen Ihnen und Trollscheidt, und Trollscheidt hat den Part als Leiche, ich will nicht sagen vorgezogen, aber gezogen!"
Das Gesicht des Kommissars zeigte nun Entspannung. Angesichts der passgenauen Zusammenstellung seiner Kausalkette machte sich fast schon Zufriedenheit darauf breit.
„Wo ist es passiert? Raus mit der Sprache! Hier im Haus? Vielleicht hier unten irgendwo?"

*

Er machte ein paar Schritte in Richtung Küche, drehte sich dann wieder um. Das Gesehene inspirierte ihn zu einer weiteren Variante, die er Herrn Hinkelmann umgehend vor den Kopf knallte. „Oder war es doch noch anders? Sie haben den Schrankfachschlüssel Ihrer Tante bei sich im Haus aufbewahrt! An einem nur Ihnen bekannten Ort! Und Trollscheidt wollte den Schlüssel von Ihnen holen, den Sie ihm aus bestimmten Gründen, Gründe, die Sie endlich mal rauslassen sollten, nicht ausgehändigt haben. Deshalb kam es zu Handgreiflichkeiten zwischen Ihnen und Trollscheidt. Was der Pullover eindeutig beweist. So war es doch! Reden Sie endlich!"

Herr Hinkelmann hätte am liebsten die Haustür zugeschlagen, um den Kommissar samt ausufernder Vernehmung in Grenzen zu weisen. Aber dazu hätte er zuerst den Mann nach draußen befördern müssen, der jetzt mit glänzenden Augen im Treppenhaus stand. Vorsichtig und in gedämpfter Stimmung probierte Herr Hinkelmann einen Anfang und hoffte, dass der Kommissar ihn überhaupt mal zu Wort kommen ließ.
„Trollscheidt hat mich angerufen, weil…"
„Weil er Sie zum Schrankfach locken musste, nicht wahr? Er brauchte Sie mit dem Schlüssel in der Sparkasse! Am Schrankfach! Sie sollten ihm dort den Schrankfachschlüssel entweder übergeben oder mit ihm gemeinsam das Fach öffnen und die Beute rausholen! Aber es gab gar keine Beute mehr, weil Sie ihm die Beute vor der Nase weggeschnappt haben! Es gab nur eine Tüte mit Lebkuchenherzen, die heftig provoziert hat. Trollscheidt ist wütend geworden, und da haben Sie ihn erschossen."
Zur Bestätigung seiner Theorie nickte der Kommissar nun schwerwiegend mit dem Kopf.
Kommissar Faden sah ihn deutlich vor sich, den Satz in der Zeitung. Er prangte auf der Titelseite als fette Schlagzeile: Quakenbrücker Kriminalpolizei liegt bei Aufklärungsquote deutlich über Bundesdurchschnitt.
Und weil der in Aussicht stehende Erfolg ihm nun Flügel verlieh, machte der Kommissar direkt weiter.
„Sie haben es vorgezogen, zum Schein auf die Verabredung einzugehen, um Ihren Komplizen und Mitwisser Trollscheidt endgültig aus dem Weg zu räumen und sich im Alleingang die Beute an Land zu ziehen. In der Sparkasse, direkt vor dem Schrankfach, mit einem Schuss in Trollscheidts Brust."

Dann folgte sein erbarmungslosester Satz:
„Alles war Ihrerseits von Anfang an kaltblütig geplant!"
Herrn Hinkelmann entgleisten die Gesichtszüge. Eine unfassbare Geschichte, die ihm da aufgetischt wurde.
In ständig wechselnden Abfassungen!
Gegen die Phantasie dieses Mannes war kein Kraut gewachsen. Und schon gar kein Gutbürger wie er. Hier wurden Dinge aufs Wildeste kombiniert.
Nach Herrn Hinkelmanns Erfahrung mit Büchern las sich da jeder gute Abenteuerroman zum Sterben langweilig. Langweilig wie die Einladung zum Jahrestreffen der regionalen Perlhuhnzüchter, die ihm jedes Jahr kurz vor Ostern ins Haus flatterte, obwohl er kein einziges Perlhuhn besaß.
Er dachte mit Verzweiflung nach, blieb aber ratlos. So sehr er sich auch bemühte, er konnte nicht beweisen, dass er erst vor ein paar Minuten den Schlüssel gefunden hatte. Zeugen für seinen Fund gab es ja nicht, weil sich die beiden Polizeikollegen rechtzeitig um die Aufräumarbeit im Treppenhaus herumgedrückt hatten. Sie hatten sich eiligst aus dem Staub gemacht und Herrn Hinkelmann auf dem Schaden sitzen lassen, mit der Konsequenz, dass er nun, was den Schlüsselfund betraf, sozusagen sein eigener Kronzeuge war.

Herr Hinkelmann formuliert eine gewichtige Aussage

Mittlerweile waren Kommissar Fadens Ausführungen auf ihrem Gipfel angekommen. Was den Tathergang betraf, war der Mann voll und ganz in seinem Element.
Gerade formulierte er wieder eine neue Variante.
Für einem kurzen Moment dachte Herr Hinkelmann darüber nach, den Kommissar illegal zu beseitigen.
Aber ihm derart in die Hände zu spielen, war dann doch keine Lösung!
Zu wenig auf Nummer sicher.
Während der Kommissar verschiedenste Konstruktionen für den Tathergang herausgeschleudert hatte, war der Beamte wie auf einer unsichtbaren Linie hin- und hergelaufen.
Dann blieb er plötzlich stehen, weil sich seine Aufmerksamkeit verschoben hatte und jetzt auf die Uhrensammlung gewechselt war. Neugierig ging er weiter in Richtung Treppenaufgang, um Regulatoren und Kuckucksuhren aus größerer Nähe betrachten zu können.
„Das ist also die Erbmasse Ihrer Tante, Herr Hinkelmann!“ Er schnalzte mit der Zunge. „Da kommt ja einiges zusammen.“
Dann registrierte er, dass einige der Stücke beschädigt waren und entdeckte schließlich die Einschussstelle in der Wand.

*

Herr Hinkelmann dachte über einen Schwächeanfall nach, wie Frau Sauermann ihn einmal ziemlich erfolgreich im Büro durchgespielt hatte.

Mit dem Ergebnis, dass sie ihren Willen gekriegt hatte.

Aber Ohnmacht war in dieser Situation für Herrn Hinkelmann ebenso wenig eine Option wie Gewalt gegen den Staatsapparat.

War nicht schon alles ziemlich egal?

Da konnte er sich auch noch die letzten Kühnheiten eines überheizten Beamtengehirns anhören.

„Sehr interessant! Sieht frisch aus! Wie hat es sich abgespielt, Herr Hinkelmann? Machen Sie sich Luft und erleichtern Sie Ihr Gewissen. Sie können nicht ewig mit der Wahrheit hinter dem Berg bleiben!

Denken Sie endlich einmal an Ihre Zukunft!“

*

Zukunft?

Und wie er an seine Zukunft dachte!

Mehr ging gar nicht mehr, und das war ja gerade sein Problem!

Herr Hinkelmann fragte sich, was ein unbescholtener Bürger tun konnte, wenn die Beweise für einen Schusswechsel in seinem Zuhause dadurch klar auf der Hand lagen, dass sie sichtbar in der Wand steckten.

Was sollte er noch zu seiner Rettung vorbringen?

In einem ersten Ansatz fiel Herrn Hinkelmann nichts anderes ein, als auf Fadens beiden Dienstkollegen herumzuhacken.

Zu Recht, versteht sich!

Und in einem zweiten Ansatz auf den Kuckucksuhren.

Die auch nicht ohne Schuld an der Wand hingen.

In einem dritten Ansatz zog er kurzzeitig in Betracht, dass die beiden Kollegen des Kommissars alles erklären und sicherlich ohne Mühe geradestellen konnten, wie es zu den Beschädigungen an Uhren und Treppenhaus gekommen war.
Dann allerdings, in einem vierten Ansatz, der sozusagen das Menschliche bei der Polizeiaktion ins Auge fasste, kamen Herrn Hinkelmann ganz andere Gedanken, und er kam zu einem bedenklichen Resultat.
Gewiss würde der kleine Polizist den Schuss abstreiten oder sogar so behandeln, wie es von jedem treuen Beamten erwartet wurde.
Als eisernes Dienstgeheimnis!
Dann würde der Große die amtliche Darstellung des Kleinen zusätzlich noch absegnen und dem Ganzen den Polizeistempel aufdrücken, der dann lautete:
Ja, so war es! Wachtmeister Lügener war dabei und kann alles bestätigen!

*

Herr Hinkelmann empfand seine Lage als wenig segensreich. Für einen Moment zog er als Lösung in Erwägung, was er schon zuvor in aller Ausführlichkeit gedanklich durchgespielt hatte.
Flucht!
Aber schon bei seiner ersten Gedankenreise, die keine Station ausgelassen hatte, war er zu einer realistischen Einschätzung der Möglichkeiten gekommen.
Es gab keine!
Er sah sich als Spielball der Polizei in seinem eigenen Haus!

Und konnte sich nun getrost von seinem angestammten Leben verabschieden.
Adieu Kleinstadt!
Sein neuer Aufenthaltsort hieß Justizvollzugsanstalt Celle!
Der Jugendarrest in Cloppenburg kam ja für ihn aus Altersgründen nicht mehr in Frage.
Die Stimme des Kommissars holte Herrn Hinkelmann zurück in die Realität.
„Ich frage Sie jetzt und überlegen Sie gut, was Sie antworten! Wer hat hier geschossen, Herr Hinkelmann? Reden Sie endlich, Mensch!
Haben Sie Herrn Trollscheidt hier in Ihrem Hause erschossen und dann seine Leiche im Nebenraum der Sparkasse abgelegt?
Sie können nicht für alle Ewigkeit schweigen!
Dadurch machen Sie es nur noch schlimmer!
Geben Sie endlich auf!“

*

Bei dem Wort „aufgeben“ fühlte sich Herr Hinkelmann provoziert wie lange nicht mehr.
Das war der Gipfel der Unverschämtheit!
Und endgültig mehr als gut war!
Er fragte sich, welchen Eindruck er eigentlich beim Kommissar die ganze Zeit gemacht hatte, dass er ihm jetzt ein derart schäbiges Verhalten vorschlug.
Aufgeben!?
Hatte er bei Faden die ganze Zeit einen derart mickrigen Eindruck hinterlassen? Musste ja!

Warum sonst machte der Mann diesen Vorschlag!
Offensichtlich hatte Kommissar Faden, so sah es Herr Hinkelmann, Größe und Gewicht seiner vermeintlich kriminellen Persönlichkeit schon lange auf das Format „loser“ reduziert. Und traute ihm außer einem Mord wenig zu!
Angesichts dieser Erkenntnis war Herr Hinkelmann entsetzt. Da hatte er sich selbst deutlich mutiger eingeschätzt.
Und gewiss nicht als Feigling, der vorschnell aufgibt.
Mochten auch andere Kriminelle in seiner Situation ein Einknicken in Erwägung ziehen, für Herrn Hinkelmann jedoch kam es nicht in Frage.
Und an dieser Entscheidung hatte jetzt der Kommissar mit dem provokanten Wort „aufgeben“ seinen entscheidenden Anteil.
Schließlich habe ich immer noch eine starke Alternative!
Wenn er also mit der ungeschönten Wahrheit nicht herauskommen konnte, dann aber doch zumindest mit einer schönen Lüge.
„Sie wollen wissen, wer hier geschossen hat, Herr Kommissar? Dann sage ich es Ihnen. So kommen Sie in dem Fall auch weiter.“
Herr Hinkelmann trumpfte auf:
„Kloppstock war es! Kloppstock hat geschossen!“

*

Das war eine Ansage!
Da war Herr Hinkelmann jetzt selbst überrascht.
Faden konnte nun umgehend nach nebenan gehen und die Verhaftung vornehmen.
Endlich ging es mal konkret mit dem Fall weiter.

Der Mann hatte ihn derart unter Zwang gesetzt, dass er seinen Täter jetzt auf kürzestem Weg bekommen hatte.
Und wer lag da als Täter näher am Weg als Kloppstock in der 34? Der war bestimmt zu Hause und stand Faden so gesehen sofort zur Verfügung.

*

Obwohl die Falschaussage ein wenig Herrn Hinkelmanns Gewissen belastete, fühlte er sich für den Augenblick erstmal erleichtert.
War es nicht erstaunlich, wie ein einzelnes Wort, ein schlichter Name aus zwei Silben, in diesem Fall der belanglose Name „Kloppstock“, eine Situation völlig umkehren konnte? Ein Name, der ihm sonst nur ungern über die Lippen kam.
Tatsächlich war Herr Hinkelmann für den Moment erstmal raus, denn Kommissar Faden steckte Schlüssel und Pullover in eine Plastiktüte und ging auf die Haustür zu.
Jetzt kam tatsächlich Bewegung in den Fall!

Herr Hinkelmann zeigt Gewissen

Es war halb elf, und als hätte sich Herr Hinkelmann die Unterstützung der Wanduhren extra bestellt, meldeten sich einige Uhrwerke pünktlich zur halben Stunde. Die Bündelung ihrer Schläge zu einer Art Halbwertszeit zwischen zehn und elf wirkte wie ein in die Länge gezogener Zwischentusch. Herrn Hinkelmanns betrügerische Aussage wurde auf diese Weise ein Rahmen gegeben, der den Verleumdungscharakter, den die Aussage hatte, sozusagen musikalisch einfasste und effektvoll unterstrich.

Effektvoll im negativen Sinne, denn auf den Geständigen wirkten die Schläge der Uhrwerke wie ein klangliches Mahnmal, das Herrn Hinkelmanns Gewissen unter Druck setzte. Hatte er nicht zum ersten Mal im Urlaub jemanden ans Messer geliefert, der da gemäß Sachlage gar nicht hingehörte?

Er musste es einräumen!

Aber Herr Hinkelmann war, aus einem anderen Winkel betrachtet, der Meinung, dass es mit Kloppstock den Richtigen getroffen hatte.

Jemand, der es verdient hatte!

Das rechtfertigte, aufs Ganze betrachtet, so einiges, auch dass er, ohne mit der Wimper zu zucken, einen Unbeteiligten denunziert hatte!

Aber keinen Unschuldigen!

Nur wie würden sich die Dinge weiterentwickeln? fragte sich der Geständige. Was, wenn er sich bei seiner Vorgehensweise mehr Probleme eingehandelt hatte, weil Kommissar Faden gründlich war? Was, wenn sein ganzes Bemühen, seinen Kopf aus der Verdachtsschlinge zu ziehen,

zu nichts führen würde, weil der Kommissar ein ziemlicher Erbsenzähler war, der sich gern selbst ein Bild machte und Dingen auf den Grund ging?
Dann hatte er sich in jedem Fall mit seiner Aussage einen grandiosen Patzer geleistet! Da biss die Maus keinen Faden ab und leider in diesem Fall die Katze sich in den eigenen Schwanz.
Zwar wollte er unbedingt mit einer Falschaussage seine Haut retten und gab sich dazu auch alle Mühe. Aber das gestand er sich selbst gegenüber in aller Ehrlichkeit ein:
Gern log er nicht!
Weil er letztlich auch die kurzen Beine einer Lüge kannte.

*

Noch kam Herr Hinkelmann nicht zur Ruhe. Äußerlich war zwar Stille eingekehrt, denn die Wanduhren hatten ihre Zeitansage beendet, innerlich aber war Herr Hinkelmann ganz schön aufgewühlt. Kommissar Faden war nun im Begriff, das Haus zu verlassen.
„Herr Hinkelmann, wenn Sie die Wahrheit sagen, dann ist es gut, aber wenn nicht, dann gnade Ihnen Gott! Heute noch! Und was das bedeutet, wissen Sie ja!“
Der Kommissar streckte zur Verdeutlichung seiner Androhung beide Hände nach vorn, wie zum widerstandslosen Anlegen von Handschellen.
Eine unmissverständliche Mitteilung.
Dann wandte er sich in Richtung Ausgang und wollte soeben durch die Tür, als im Schritttempo der weiße Kastenwagen vorbeifuhr. Der Fahrer mit Turban hielt aber nicht an, son-

dern schlich mit seinem Fahrzeug geradezu über die Maschener Allee, weil er offensichtlich etwas suchte.
„Da, sehen Sie, Herr Kommissar, das ist der Tierfänger, der die Tiere mit Käse betäubt. Der indische Turbanmann!
Jetzt fährt er wieder in Richtung Innenstadt, um betäubte Tiere abzuliefern und dann in seinem Schnellimbiss zu Chicken-Tiki-Taka zu verarbeiten. Ist das nicht dreist? Ein indischer Schnellimbiss, der getürkte Zutaten verarbeitet! Und die Aufschrift auf dem Kastenwagen ist natürlich auch getürkt und soll die Konsumenten auf eine falsche Fährte locken. Tierkrematorium Edelweiß ist nur eine Tarnung. In Wirklichkeit geht es um einen Fleischskandal!
Deshalb liegt der präparierte Käse in der Stadt herum und wird im großen Stil verteilt. Damit sollen billig Haustiere erbeutet werden.“

*

Kommissar Faden schaute dem Lieferwagen hinterher. Die Aussage passte zu den Ergebnissen der Razzia, die am frühen Vormittag stattgefunden hatte.
Für die Verarbeitung von Katzenfleisch gab es eindeutige Indizien.
Aber zu diesem Zeitpunkt konnte er die genauen Details der Imbissdurchsuchung noch nicht öffentlich machen.
Das war aus wichtigen ermittlungstechnischen Gründen mit dem Radiosender frühestens für die Zwölf-Uhr-Nachrichten geplant.
Das Handy des Kommissars unterbrach seine Überlegungen.
„Ja, Faden, was gibt's?“

Für einige Sekunden verschlang der Anrufer die Aufmerksamkeit des Kommissars. Faden hörte konzentriert zu. Dabei entspannte sich sein Gesicht zunehmend.
„Ja, die Jungs von der KTU sind immer zu was nütze! Das Ergebnis schiebt alles in eine Richtung!“, sagte Kommissar Faden stolz.
„Also war die Schneidbrenner-Aktion zum Verwischen der Spuren gedacht! Macht Sinn! Und die KTU hat nur an den Fingern etwas nachweisen können? Okay!“
Vom anderen Ende kam noch ein weiterer Satz. Dann war der Anruf beendet, und Kommissar Faden wirkte noch gelöster als vorher.
„Herr Hinkelmann, Sie sollten Ihre Aussage zu Protokoll geben. Sie haben da interessante Beobachtungen gemacht. Aber mehr will ich dazu jetzt nicht sagen. Ich möchte zunächst mit dem Täter sprechen. Danach sehen wir weiter.“
Aber noch machte sich der Kommissar nicht auf den Weg. Stattdessen griff er entschlossen in seine Jacketttasche und hielt im nächsten Moment Herrn Hinkelmann ein Foto vor die Nase.
„Sie kennen diesen Mann? So präsentiert er sich an seinem Arbeitsplatz.“

*

Es war ein Foto in Hochglanzoptik aus einem Faltblatt. Herr Hinkelmann studierte das braunhäutige Männergesicht. Der Mann war ihm völlig unbekannt, obwohl er ihn irgendwie an den Turbanmann erinnerte.
Herr Hinkelmann wagte eine Frage:

„Ist das jemand aus dem indischen Schnellimbiss? Ich meine, der Mann sieht fast so aus! Könnte auf jeden Fall ein Imbissmitarbeiter sein!"
„Nein!"
Kommissar Faden steckte das Foto wieder zurück in seine Jacketttasche.
„Das ist Trollscheidt aus der Sparkasse!"
Was er nicht sagte!
Herr Hinkelmann war sprachlos. Trollscheidt war ebenfalls Inder oder indischer Abstammung?
Wenn das mal kein Zufall war!
Am liebsten hätte Herr Hinkelmann den Kommissar dazu befragt, aber hinter ihm herzurufen, war dann aus Herrn Hinkelmanns Sicht schlechtes Benehmen.
Kommissar Faden hatte sich schon auf den Weg gemacht und war mit eiligen Schritten unterwegs zum Nachbarhaus.

*

Als Herr Hinkelmann allein war, atmete er tief durch. Für den Moment war zumindest schon mal ein Verdacht in andere Bahnen gelenkt, wenn auch nicht dauerhaft und zuverlässig.
Klar!
Blieb noch das Geheimnis um das Bankfach und die Lebkuchenherzen, das nach wie vor nicht geknackt war.
Wie war ein Bankangestellter mit indischen Wurzeln in diese Kleinstadt geraten?
Bevor er erschossen worden war!
Und was hatte das womöglich mit Tante Friedas italienischen Wurzeln zu tun?

Und was war mit Kloppstocks Wurzeln?
Auch der hatte welche!
Herr Hinkelmann war wieder einmal wie immer bei seinem Nachbarn gelandet. Er fragte sich, wie Kloppstock insgesamt auf den Überraschungsbesuch des Kommissars reagieren würde. Sicherlich hatte Kloppstock auch keine Lust, für den Täter herzuhalten. Und dass sein Nachbar nicht auf die Wanduhren geschossen hatte, war Herrn Hinkelmann vollkommen klar.
Noch litt er nicht an Gedächtnisverlust.
Dann allerdings, in einer Art plötzlichen Eingebung, stellte sich Herrn Hinkelmann eine ganz andere Frage, nämlich die, wie ermittlungstechnisch mit dem ersten Schuss umzugehen war, dem tödlichen Schuss auf Trollscheidt.
Bei diesem Schuss war er selbst leider nicht dabei gewesen, und deshalb war aus Herrn Hinkelmanns Sicht in diesem Fall noch gar nichts bewiesen und alles möglich und offen.
Auch dass Kloppstock es gewesen war.

*

Nun dachte sich Herr Hinkelmann weiter in die Tiefe.
Bei dem mörderischen Schuss auf Trollscheidt kam außer ihm selbst, von dem er sicher wusste, dass er es nicht gewesen war, quasi jeder in Frage. Jeder, der achtzig Millionen Bundesbürger, der alt genug war, um eine Waffe zu halten.
Und der natürlich Böses im Sinn haben musste!
Da konnte Herr Hinkelmann, was die Sache in der Bank betraf, für niemanden die Hand ins Feuer legen.

Schon gar nicht für Kloppstock!
Und eines war auch völlig klar:
Kloppstock hätte es gewesen sein können und stand theoretisch genauso unter Verdacht wie all die anderen Bundesbürger, die auch immer noch frei herumliefen.
Also war hier ein Täter und seine Möglichkeiten unbedingt in Betracht zu ziehen, Möglichkeiten, die völlig zu Recht polizeilich zu verfolgen waren. Und der Hinweis an Faden, sich Kloppstock mal genauer vorzunehmen, hatte, so betrachtet, durchaus seinen Sinn und ganz gewiss seine Berechtigung.
Vielleicht, so überdachte Herr Hinkelmann sein Verhalten gegenüber dem Kommissar, hatte er Kloppstock ja auch überhaupt nicht Unrecht getan, weil sich Kloppstock bei Fadens Befragung als Kandidat für den Schuss in der Bank herausstellen würde?
Herr Hinkelmann stellte sich vor, wie das Gespräch zwischen dem Kommissar und seinem Nachbarn ablaufen würde.
Faden würde nach „dem Schuss“ fragen, und Kloppstock würde die Frage nicht auf die beschädigten Wanduhren, sondern auf den Schuss in der Sparkasse beziehen. Schließlich wusste er von den zerschossenen Kuckucksuhren ja nichts. Und derart frontal vom Kommissar angegangen, würde er bestimmt nervös werden.
Und sich verplappern!
Durch Fadens hartnäckige Befragung würde dann jede Einzelheit des Mordes herauskommen, und Kloppstock würde sich auf diese Weise selbst auf einem silbernen Tablett als Täter präsentieren.
Wenn das kein Erfolg war!

Herr Hinkelmann sah sich nun schon in die Nähe eines Zielfahnders gerückt, der sich gewissermaßen selbstbestimmt auf seinen Nachbarn Kloppstock angesetzt hatte.
War Kloppstock dann endlich niedergestreckt, konnte er sogar noch in den Genuss der ausgeschriebenen 1000 Euro Belohnung kommen.
Bei einem derartigen Erfolg, so Herr Hinkelmann, musste er sich überhaupt kein schlechtes Gewissen machen.
Sondern ganz im Gegenteil!
Er war der eigentliche Held bei der Auflösung eines schweren Mordfalls. Einzig und allein aufgrund eines Tipps, den Herr Hinkelmann ins Halbblaue abgegeben hatte, war der Täter dann von ihm, einem engagierten Angestellten der Firma Konrad Kloster Kitchen Engineering, ermittelt worden.
Dabei war er beruflich normalerweise mit Küchenplanung und Küchenmanagement befasst.
Offensichtlich aber auch noch anders talentiert!
Aus achtzig Millionen Bürgern, würde man sich in seiner Heimatstadt erzählen, hatte der Küchenverkäufer Hinkelmann quasi als verdeckter Zielfahnder die eine Person herausgefischt, die mit hoher Wahrscheinlichkeit in Frage kam und die es dann tatsächlich auch noch war.
Nannte man bei der Polizei diese Vorgehensweise nicht neuerdings erfolgreich angewandtes Profiling?

1000.-
HELD
Heribert Hinkelmann
Angestellter
der Firma
Konrad Kloster Kitchen Engineering
Küchenplanung/
Küchenmanagement

Herr Hinkelmann schiebt Dinge von sich

Während Herr Hinkelmann einen unruhigen Vormittag verbracht hatte, hatte sich sein Nachbar Kloppstock an den Schreibtisch gesetzt und mit der Aktenlage zu seinem Garagenneubau befasst, die sich mittlerweile zu einem hübschen Papierstapel auf der Schreibtischplatte entwickelt hatte.
Der Neubau seiner Garage war ins Stocken geraten, weil die ausgeklügelte Dachform und die Wahl der Materialien nicht sang- und klanglos beim Bauantrag durchgegangen waren. Das war für Herrn Kloppstock vor allem deshalb ärgerlich, weil die Baubehörde in Kleinstschritten vorging und sich kaum ein Vorwärtskommen in der Angelegenheit abzeichnete. Immer wieder wurden nach Herrn Kloppstocks Ansicht, Einwände aus dem Hut gezaubert und Erklärungen abgegeben, die vorgeschoben waren. Mittlerweile fragte sich Herr Kloppstock, ob nicht doch Hinkelmann seine Finger im Spiel hatte. Aber solch wirksamen Einfluss auf behördliche Angelegenheiten traute er seinem Nachbarn dann doch nicht zu.

*

Aus seiner Notsituation heraus hatte Herr Kloppstock seinen Freund Kalli angerufen und gebeten, gemeinsam mit ihm den Schriftverkehr mit der Behörde durchzugehen.
Kalli war nicht nur sein langjähriger Kegelbruder und Freund. Kalli war auch leidenschaftlicher Hobbyjurist, der sich gern in rechtliche Fragestellungen einarbeitete und dabei zu erstaunlichen Ergebnissen kam.

Schnell hatte Kalli Herrn Kloppstock auf den juristischen Stand der Dinge gebracht und war dann wieder nach Hause gegangen.

Kallis Besuch allerdings hatte bei Herrn Kloppstock noch zu weiteren, durchaus weitreichenden Erkenntnissen geführt, die viel weiter gingen als die Aufarbeitung der Aktenlage zum Garagenneubau.

Was den vermissten Amadeus betraf, so hatte Kalli Herrn Kloppstock auf den frischen Stand der Informationen gebracht. Amadeus wurde zwar nach wie vor vermisst, aber das Mysterium um sein Verschwinden war mittlerweile dank Kalli einigermaßen gelüftet.

*

Soviel war Herrn Kloppstock nun klar: Das Tier befand sich in den Fängen einer Tierbeseitigungsorganisation, die fleißig in der Stadt wütete. Mehrere Katzen seien ihr zum Opfer gefallen, und die Kriminalpolizei ermittle auf höchstem Niveau und in alle Richtungen, das hatte Kalli gesagt, und Herr Kloppstock hatte keinen Grund gesehen, an der Darstellung seines Kegelbruders zu zweifeln.

Schließlich hatte Herr Kloppstock mehrmals am Vormittag Polizeifahrzeuge beobachtet, die durch die Straße gefahren waren. Dass die Fahrzeuge immer vor Herrn Hinkelmanns Haus hielten, war zwar aus Herrn Kloppstocks Sicht merkwürdig, aber auch nur bis zu einem bestimmten Grad.

Herr Kloppstock hatte dafür durchaus eine Begründung gefunden, nämlich die, dass auch Herr Hinkelmann seit Kurzem einen Kater besaß.

Da war es ganz und gar denkbar, dass sein Nachbar ebenfalls Betroffener und in die Ermittlungen um die Tierbeseitigung von Faden einbezogen worden war.

*

Kommissar Faden brachte sich vor Herrn Kloppstocks Haustür in die entsprechende Position, bevor er klingelte. Als geöffnet wurde, hielt er Herrn Kloppstock ohne Worte seinen Dienstausweis vors Gesicht. Der Kriminalbeamte im grauen Anzug war durchaus willkommen.

„Kommen Sie herein, Herr Kommissar, endlich geht es mal weiter mit den Ermittlungen!“

„Das will ich hoffen!“ Kommissar Faden sprach mit ironischem Unterton.

„Ich habe von Ihrem Nachbarn Hinkelmann einen Tipp bekommen, dem ich nachgehen muss.“

„Na, dann macht sich ja auch ein Herr Hinkelmann mal nützlich bei den Ermittlungen. Die Polizei ist ja oft genug bei ihm vorbeigefahren. Konnte er tatsächlich etwas Sinnvolles zur Lösung des Falls beitragen?“

Herr Kloppstock ließ jetzt offen seinen Sarkasmus heraushängen.

„Dann ist ja doch noch nicht aller Tage Abend, obwohl es mich sehr überrascht, dass Sie den Mann im Zusammenhang mit den Ermittlungen ernstnehmen. Eigentlich macht dieser Mann nie etwas richtig!“

„Wir nehmen ihn sehr ernst, Herr Kloppstock! Das gehört zu unserer Arbeit dazu. Wir nehmen alle Bürger ernst. In seinem Hause wurde heute Vormittag geschossen und Herr …“

„Ja, ich weiß …“
„Ach, Sie räumen alles ein?“
Nun war im Gegenzug der Kommissar erstaunt. So leichtes Spiel hatte er gar nicht erwartet.
„Ja, sicher! Es wurde geschossen, und dann haben Ihre beiden Polizeikollegen unmittelbar danach Herrn Hinkelmanns Haus verlassen. Ich habe mich natürlich über die Situation gewundert, aber die beiden Polizisten sind ganz normal in ihr Auto eingestiegen und abgefahren. Erst gehen die Kollegen ins Haus, dann wird geschossen, dann kommen sie wieder heraus! Was genau ist denn passiert?
Hat Herr Hinkelmann auf Ihre Kollegen geschossen?
Oder was haben Ihre Kollegen berichtet?
Da wird es doch einen Bericht über den Vorfall geben!“

„Noch haben Sie gar nichts berichtet, aber Herr Hinkelmann hat eine ausführliche Aussage gemacht, nämlich dass Sie, Herr Kloppstock, in seinem Hause geschossen haben.“
Faden fixierte Herrn Kloppstock mit einem eindringlichen Blick.
„Was sagen Sie zu Herrn Hinkelmanns Aussage?“
Kloppstock stieg der Blutdruck in die Höhe. Er lief rot an.
„Unsinn!
Kompletter Unsinn!
Wie alles, was Hinkelmann anfasst.“
Aus seiner Sicht hatte sein Erzfeind mal wieder zu einer überzogenen Provokation ausgeholt, die jetzt auch noch die Kriminalpolizei sinnlos vor Hinkelmanns Karren spannte und in sinnfreie Ermittlungsarbeit verwickelte.
„Sie haben also nicht im Hause Hinkelmann geschossen?“

„Nein, natürlich nicht! Wie denn auch, wenn ich das Haus gar nicht betreten habe und auch nicht betreten werde! Schießen Sie mal innerhalb eines Gebäudes, ohne auch nur einen Fuß hineinzusetzen!“
Kommissar Faden dämmerte nun die Erklärung. Wie es leider aussah, war er von Herrn Hinkelmann mit einer klassischen Falschaussage dreist verschaukelt worden.

„Dann gehen Sie davon aus, dass Ihr Nachbar Sie nur anschwärzen wollte, um von sich selbst abzulenken?“
„Tja, Herr Kommissar, alles wie immer. Das mache ich nun schon mit, solange ich hier wohne. Ein Irrer, sage ich Ihnen, ein Mensch, der nicht frei herumlaufen sollte. Aber fragen Sie doch Ihre beiden Kollegen, die waren doch während des Schusswechsels dabei.“
Der Kommissar stutzte.

„Schusswechsel? War es denn mehr als ein einzelner Schuss?“ Kommissar Faden war einigermaßen verblüfft. Die Spuren im Hause Hinkelmann sprachen eher nicht dafür. Er konnte jedoch nicht nachhaken, weil in diesem Augenblick sein Handy klingelte.

„Ja, Faden!“ Während er zuhörte, war ihm die Verblüffung auch weiterhin ins Gesicht geschrieben.

„Also zieht sich der indische Clan wie ein“, er suchte nach dem richtigen Wort, „sagen wir großer Turban über die Stadt? Aber glaubt mir, Kollegen, das Geheimnis unter dem Turban werden wir schon noch gelüftet kriegen. Ist nur eine Frage der Zeit.“

Dann nickte er mit dem Kopf.

„Ja, klar! Die Kollegen sollen das Leben von Trollscheidt komplett auf den Kopf stellen. Wir müssen über den Mann alles wissen! Restlos alles!“

Er drückte aufs Handy und wandte sich wieder mit voller Aufmerksamkeit Herrn Kloppstock zu.

„Entschuldigung, Herr Kloppstock, sprechen Sie bitte jetzt weiter. Sie sagten vorhin Schusswechsel?“

„Ja, sicher! Ein Schusswechsel! Ein Riesenradau! Sonst ist es immer leise da drüben, außer wenn der Kater mal Ärger macht. Aber den hat er noch nicht so lange, ein paar Wochen, könnten vier sein. Das Tier hat er sich angeschafft, weil er meinem Amadeus die Ausflüge auf sein Grundstück versalzen wollte.“

Amadeus war jetzt das Stichwort.

„Was gibt es denn zu Amadeus Neues? Ich meine, zur Beseitigungsorganisation?“

Kommissar Faden war bereit, das Thema zu wechseln.
„Einiges! Der indische Schnellimbiss ist darin verwickelt. Möglicherweise auch ein Tierkrematorium. Aber noch steht nicht fest, ob die Katzen alle in der Nahrungskette des Grills gelandet sind. Das Motiv für das Einsammeln betäubter Katzen ist noch nicht eindeutig geklärt. Es wurde zwar mit dem Fleisch ein indisches Nationalgericht zubereitet, aber mir scheint doch, der ganze Aufwand mit den eingesammelten Katzen ist ein bisschen viel indisches Tamtam für gewürfeltes Haustier im Nationalgericht!"
Herr Kloppstock stimmte ihm zu.
„Deshalb warte ich noch weitere Nachforschungen zum Toten ab. Ich denke, Sie werden verstehen, dass ich mich nicht voreilig dazu äußern möchte!"
Aber Herr Kloppstock wollte natürlich mehr wissen.
„Sehen Sie denn einen Zusammenhang zwischen dem Mord in der Sparkasse und der Fleischbeschaffung?"
Kommissar Faden überlegte kurz, ob er gegenüber einer Zivilperson etwas zum Ermittlungsstand bekanntgeben sollte und entschied sich dagegen.
„Im Moment ist es zu früh, darüber etwas zu sagen, Herr Kloppstock! Ich werde mir als Nächstes Ihren Nachbarn vornehmen, der irgendwie in der Sache mit drinhängt."
Der Kommissar hatte Handy und Ausweis wieder in seiner Jacketttasche verschwinden lassen.
„Sobald ich mehr zu Ihrem Amadeus-Problem weiß, melde ich mich bei Ihnen! Ganz sicher! Bis später, Herr Kloppstock!"

Herr Hinkelmann öffnet noch einmal seine Haustür

Auf dem Weg zu Herrn Hinkelmann entschloss sich Kommissar Faden im Präsidium anzurufen. Er wollte zuerst mit seinen beiden Kollegen sprechen, die Hinkelmann einen Besuch abgestattet hatten, und deren Aussage anhören, bevor er sich in einem nächsten Schritt Hinkelmann vornahm und sich dessen neue Version zum Schuss auftischen ließ.
Fadens junger Kollege war jedoch am Apparat. Er sagte irgendetwas und der Kommissar hakte nach.
„Dann ist Trollscheidt also adoptiert worden? Hm, ja gut, passt auch! Und wie kam er in die indische Tanzgruppe?“
Sein Kollege gab eine knappe Antwort, die den Kommissar ziemlich in Erstaunen versetzte.
„Das ist der Hammer! Frau Oswald geborene Pontifiori kannte ihn also durch ihre Tätigkeit im Theater? Aha!“
Er hörte wieder eine Zeitlang zu.
„Frau Oswald muss unbedingt überprüft werden. Geburtsort, Ausbildung, Umzüge etc., das übliche Programm eben. Und dann nehmen Sie sich auch noch Herrn Oswald vor, und wenn Sie sowieso schon dabei sind, auch noch den merkwürdigen Neffen! Melden Sie mir so schnell wie möglich, was Sie über die Personen in Erfahrung bringen können.“

*

Mit dem neuen Ermittlungsstand war Kommissar Faden gar nicht so unzufrieden. Viele Teile des Mordpuzzles passten

schon gut zusammen. Auch der Inhalt der Lebkuchenherzen war im Grunde genommen geklärt. Trollscheidt hing, so die Vermutung des Kommissars, bei den Herzen mit drin. Allerdings warf ein indischer Tänzer, der nach seiner Tanzkarriere in ein Geldinstitut gewechselt war, sowieso bohrende Fragen auf, auch deshalb, weil Trollscheidt Kontakt zu Herrn Hinkelmann aufgenommen hatte und ihn wegen des Schrankfachs in die Sparkasse bestellt hatte. Noch war der Grund für die Kontaktaufnahme nicht eindeutig geklärt. Das galt ebenfalls für das Mordmotiv.
In diesem Punkt trat der Beamte immer noch auf der Stelle und tappte ziemlich im Dunkeln. Aus ermittlungstechnischen Gründen nahm er sich vor, seine Fragen an Hinkelmann noch einmal zu intensivieren. Er fühlte, dass irgendwie alles mit Hinkelmann zusammenhing und der Junggeselle der Schlüssel zu allem war. Vielleicht sogar noch vor wenigen Minuten als Täter den Schlüssel in der Hand gehalten hatte.
Er würde bei der Befragung alle Register ziehen und drückte umso entschlossener auf den Klingelknopf.

*

Herr Hinkelmann saß nachdenklich in der Küche und wollte am liebsten nicht aufmachen. Keiner der wechselnden Besucher hatte ihn bislang in Urlaubsstimmung versetzt. Und von einem Vormittag, der sich nach dem Lustprinzip gestaltete, war er ebenfalls weit entfernt. Was er auch angefasst hatte, urlaubsmäßig standen die Fahnen auf Halbmast. Und er fragte sich, ob die Maschener Allee überhaupt ein geeigneter Ort war, um, wie Frau Kloster sich auszudrücken pflegte, eine

Woche lang zu „chillen“.
Jetzt war es schon so gut wie elf Uhr, und er hatte weder in Sachen Entspannung noch in Sachen Verdacht etwas erreicht.
In entsprechender Niedrigstimmung bewegte er sich auf die Haustür zu.
Als Herr Hinkelmann die Tür öffnete, zischte Siegesmund an ihm vorbei und ins Haus. Fast hätte der Kater den Eingang verfehlt, weil er sich mit Käse in der Schnauze unter einem Kescher befand, der seinen Kopf so bedeckte, dass ihm nur eingeschränkte Sicht blieb.
Er knallte mit dem Stiel seitlich gegen die Türbekleidung und war in der nächsten Sekunde auch schon samt Kescher an Herrn Hinkelmann vorbei. Der Tierhalter sah dem Kater genervt hinterher.
Zweifellos war das Tier wieder in seinem Element und nahm bei seinen Aktionen keinerlei Rücksicht auf irgendwas.
Auch nicht auf die Türbekleidung.
Schon beim Aufprall des Stiels war Herr Hinkelmann zusammengezuckt, hatte sich aber direkt wieder fangen können, bevor er ein zweites Mal, jetzt aber durch und durch und richtig gewaltig erschrak.
Er verformte seinen Mund zu einem runden Loch und stieß ein langgezogenes „Oh“ aus.

*

Mit einem gewaltigen Knall waren auf der Straße unmittelbar vor seinem Gartentor zwei Fahrzeuge aufeinander geprallt. Weiße Blechteile und Glassplitter flogen bis auf Herrn Hinkelmanns Gehweg.

Die Firma Edelweiß Tierkrematorium machte gerade in ungewöhnlicher Weise auf sich aufmerksam.
Mit reichlich Ärger im Gesicht stieg der Turbanmann aus dem Kastenwagen und wurde sofort vom Fahrer des zweiten Wagens, einem Pizzafahrer, angegriffen und festgehalten.
Unbändige Wut verschaffte sich beim Pizzamann Luft.
Der Turbanträger wurde an seiner Kleidung festgehalten und mehrmals hin und her geschüttelt, sodass sein Turban fast vom Kopf fiel.
Kommissar Faden sah sich berufen, klärend in die Situation einzugreifen.
Mit wenigen Schritten war er am Gartentor, während Herr Hinkelmann bei der Szene wie gelähmt zuschaute und sich hinsichtlich seiner Rolle unschlüssig war.
Brauchte er das im Urlaub?
Eigentlich nicht!

*

Aber wenn die Aufklärung des Falls schon fahrzeugmäßig so nah an Herrn Hinkelmann herangerückt war, dann wollte er nicht meckern, sondern sich lieber über den Abschluss freuen und auf die Beweismittel im weißen Kastenwagen konzentrieren.
Jetzt kam es darauf an, was genau im Kastenwagen untergebracht war. Das war Herrn Hinkelmann nur zu bewusst, und er ging fest davon aus, dass er mit seinen Annahmen Recht hatte und sich mehrfach tierische Beweise im Kastenwagen finden lassen würden.
„Kommissar Faden, Kripo Quakenbrück.“

Faden zeigte kurz seinen Ausweis. Dann forderte er zur Unfallaufnahme eine Streife an und sagte mit Blick auf den Turbanträger:

„Sie bluten."

Der Turbanmann nickte kaum sichtbar mit dem Turban, der seitlich verrutscht auf seinem Schädel saß.

„Ausweise und Fahrzeugpapiere!"

Beide Männer folgten fast gleichzeitig der Aufforderung des Kommissars und wirkten in diesem Augenblick irgendwie vertraut miteinander. Kommissar Faden nahm die Ausweise entgegen.

„Öffnen Sie auch die Ladefläche Ihrer Fahrzeuge."

*

Kaum hatte der Kommissar den Satz zu Ende gesprochen, da schaltete sich von fern die Uhrensammlung ein, die nun bei geöffneter Haustür ebenso unüberhörbar wie eindrucksvoll ihrer Arbeit nachging.

„Ding-dong, ding-dong, dong-dong, ding-dong …"

Das erste Big-Ben-Läutwerk eröffnete stimmungsvoll den Elf-Uhr-Reigen, den eine Kuckucksuhr mit ihren wie kastriert klingenden Kuckucksrufen sofort konterkarierte.

„Kuckuck!"

Und noch einmal:

„Kuckuck!" und wieder:„Kuckuck!"

Der hässliche Holzvogel schleuderte hemmungslos seine Elf-Uhr-Salve vom Treppenaufgang hinaus ins Freie und nahm dabei auf den Auffahrunfall vor dem Haus keinerlei Rücksicht.

Im nächsten Moment schon tobte im Inneren des Hauses eine Armada wild gewordener Regulatoren, die alle gehört werden wollten. Ihre gut gemeinte Zeitansage schaukelte sich zu einem Lärmpegel hoch, der die Kraft hatte, Tote zu wecken oder aber den Tod herbeizuführen.
Falls das die Kuckucke nicht schon erledigt hatten, wovon man eigentlich ausgehen konnte.
In den letzten verhallenden Kuckucksschrei hinein klingelte das Handy des Kommissars. Das war der wichtige Anruf, auf den Faden schon die ganze Zeit gewartet hatte, der Anruf, der möglicherweise letzte Bausteine zur endgültigen Klärung des Falls lieferte. Er sprach in sein Handy.
„Gut, legen Sie los! Ich bin gespannt, was Sie in Erfahrung gebracht haben.“

Herr Hinkelmann empfängt eine Botschaft

Während der Kommissar bei voller Konzentration seinem Anrufer lauschte, gingen Herrn Hinkelmann dunkle Gedanken durch den Kopf.
Was hatte Faden hinter den Kulissen nur am Laufen? Ständig führte er Gespräche mit Dienstkollegen, ohne irgendwelche Ergebnisse zu präsentieren. Wenn sich da nicht doch noch mehr gegen ihn zusammenbraute!
Sollte er nicht besser, um Verdachtsschichten zu beseitigen und endlich seinen Frieden zu finden, die Schuld auf sich nehmen und kurzerhand ein Geständnis ablegen?
Aber welches? Da ging das Problem schon los!
Er war sich da überhaupt nicht schlüssig. Die vielen Verdachtslagen, in die er im Verlauf des Vormittags hineingerutscht war, machten eine Auswahl regelrecht schwierig. Da war als Erstes die Sache mit Siegesmund, die aber im Grunde genommen ausschied und sich komplett erledigt hatte.
Weil der Kater schon wieder eigenen kleinen Abenteuern nachging, wie Herr Hinkelmann ganz klar am Kescher über seinem Kopf gesehen hatte.
Somit musste er sich mit der Käse-Bagatelle nicht länger befassen. Die war vorbei.
Und wem der Kescher gehörte, war nicht sein Problem.
Das sah der Trollscheidt-Mord ganz anders aus. Hier handelte es sich gewiss nicht um eine Bagatelle, und ein Mordgeständnis war daher um einiges heikler, schon allein, weil er gar nicht in der Sparkasse gewesen war.
Auch nicht vor dem Mord!

Und soviel war Herrn Hinkelmann klar: Dem Kommissar würde es nicht gefallen, wenn Dinge zugegeben wurden, die sich zu guter Letzt, beim abschließenden Faktenabgleich sozusagen, als Humbug herausstellten.
Im Fall Trollscheidt würde also ein Geständnis seinerseits garantiert nicht positiv aufgenommen werden. Er würde, davon ging Herr Hinkelmann aus, im Endeffekt in Misskredit geraten, weil er einfach nicht der Mörder war.
Blieb also bei genauer Betrachtung für ein Schuldgeständnis nur der Schuss im Treppenhaus.
Er fragte sich, ob er den beiden Polizisten wirklich mit einer Selbstauslieferung unter die Arme greifen sollte. Die uniformierten Landesbeamten waren für Herrn Hinkelmann immer noch keine Sympathieträger.
Deshalb war sich Herr Hinkelmann diesbezüglich weiter im Unklaren, und wenn er überhaupt dazu bereit war, dann bestenfalls ansatzweise.
Während sich Herr Hinkelmann in einem Prozess des Abwägens befand, fuhr ein Streifenwagen vor. Seine beiden Lieblingspolizisten stiegen aus und begannen sofort mit der Aufnahme des Unfalls. Für Herrn Hinkelmann ein Wiedersehen mit gemischten Gefühlen.
Mittlerweile war Kommissar Faden auf den Stand der Dinge gebracht und beendete das Telefonat mit wenigen letzten Sätzen.
„Na, das sind ja aufschlussreiche Details. Wie es aussieht sind wir mit dem Fall fertig! Schön! Sehr schön! Die Pressekonferenz kann für 11 Uhr 45 eingerichtet werden. Dann wird die Bevölkerung schon in den Zwölf-Uhr-Nachrichten vom Sender über die Ermittlungsergebnisse aufgeklärt und

der Spuk hat ein Ende.“
Kommissar Faden schaute gebauchpinselt in die Runde.
Herr Hinkelmann fragte sich, wieso der Kommissar sich überhaupt nicht mehr um die beiden Unfallverursacher und ihre Ladung kümmerte. So gleichgültig konnte niemand mit einem Fleischskandal umgehen.
Und einen Blick ins Innere der Fahrzeuge zu werfen, konnte unmöglich zu viel Arbeit für die Polizei sein.
Wenigstens in den weißen Kastenwagen konnte Faden mal hineinschauen.

*

Jetzt wandte sich Kommissar Faden an Herrn Hinkelmann.
„Wo ist Ihr Kater, Herr Hinkelmann? Wir brauchen das Tier bei der Pressekonferenz.“
Nein!!
Herr Hinkelmann verlor endgültig den Glauben an die Polizei. Sollte jetzt dem Kater alles in die Schuhe geschoben werden? Oder ging es wieder mal um Tante Friedas Erbstücke, zu denen auch der Kater gehörte? Oder wollte der Kommissar ihm zum letzten Mal eine Falle stellen?
Sozusagen final!
Er konnte es nicht glauben und fragte deshalb in aller Vorsicht bei Kommissar Faden nach.
„Sie haben den Fall geklärt? Und wollen meinen Kater als Zeugen bei der Pressekonferenz!? Oder sehen Sie das Tier eher als Beweismittel, Herr Kommissar?“
Der Kommissar stand mittlerweile am weißen Kastenwagen und wandte sich noch einmal um.

„Wenn Sie so fragen, Herr Hinkelmann, und ich es recht bedenke, dann im Grunde genommen als beides. Er ist Zeuge und Beweismittel. Bitte seien Sie unbedingt pünktlich um 11 Uhr 45 zur Pressekonferenz mit ihrem Haustier vor dem Präsidium."
Kommissar Faden war im Begriff, die Unfallstelle eiligst zu verlassen.
Es ist auch in Ihrem Interesse", sagte er mit einer letzten Drehbewegung, bevor er noch kurze Zeit mit den beiden Polizisten sprach.
Dann war er auch schon außer Sichtweite.

*

Der kleine Polizist legte dem Pizzafahrer Handschellen an und ließ ihn im Streifenwagen Platz nehmen.
Der große Polizist machte mit dem Turbanträger dasselbe und gab ihm Anweisung, sich in das Polizeifahrzeug zu setzen und im Fond des Wagens neben dem Pizzafahrer Platz zu nehmen. Zwischen den Beiden wurde heftig diskutiert.
Dann öffneten die Polizisten gemeinsam den Kastenwagen und standen mit staunendem Blick vor der Ladefläche.
Der Kastenwagen war komplett leer. Außer einem Kescher und einer Rolle blauer Abfallsäcke war da weiter nichts, was den Polizeibeamten in den Blick fallen konnte. Im Laderaum gab es weder lebendiges Fleisch, noch befand sich dort totes.
„Wie der Chef gesagt hat!"
Der Kleine nickte wichtig mit seinem Kopf.
Der große Polizist wandte sich zur Verabschiedung an Herrn Hinkelmann.

„Wir sehen uns dann in einer halben Stunde am Präsidium, Herr Hinkelmann.
Wir haben da noch etwas für Sie, das wir Ihnen überreichen wollen. Na, Sie werden schon sehen. Bis gleich also!"
Dann fuhr der Streifenwagen in der Viererbesetzung los.
Herr Hinkelmann stand in der Haustür und dachte über die Worte des großen Polizisten nach.
Der Auftrag war klar!
Er sollte mit Siegesmund zur Pressekonferenz erscheinen.
Aber was wollten ihm die Polizisten aushändigen, wenn es keine Handschellen waren?
Etwa einen Haftbefehl?
Für den man ihn tatsächlich auch noch mühsam zu Fuß anmarschieren ließ?
Den Dienst am Bürger stellte sich Herr Hinkelmann dann doch ein wenig anders vor.
Menschlicher!
Oder bekam er den Schlüssel vom Schrankfach zurück?
Etwa im Austausch gegen den Kater, den er sozusagen als Pfand abgab?
Aber wozu brauchte er bei einem leerem Fach noch den Schrankfachschlüssel?
Da war sogar der Kater noch nützlicher und der ganze Tausch aus Herrn Hinkelmanns Sicht völlig für die Katz, weil ein klares Minusgeschäft.

*

In der Küche lag Siegesmund mit Kescher über dem Kopf vor dem Herd. Der Käse, den er vorher in seiner Schnauze getragen hatte, war nirgendwo zu entdecken, und Herr Hinkelmann ging davon aus, dass der Happen in Siegesmunds Schnauze verschwunden und weiter in den Magen gewandert war.

In sich zusammengerollt, lag das Tier als formloser Fellkörper auf dem Küchenfußboden und schlief tief und fest unter dem Kescher.

Herr Hinkelmann befreite den Kater vom überflüssigen Angelzubehör und konnte nicht umhin, dem Tier laute Vorwürfe zu machen.

„Das geschieht dir recht! Deine Gefräßigkeit ist dir auch noch ein zweites Mal zum Verhängnis geworden."

Er legte den Kescher aus der Hand und ergriff Siegesmund, um ihn in die Höhe zu heben und auf dem Küchentisch abzulegen.

Das Tier hatte aus Herrn Hinkelmanns Sicht ein stattliches Gewicht.

Ein echter Brocken!

Und kein einfacher Transport für Herrn Hinkelmann, der das Tier nun irgendwie zum Präsidium tragen musste, anstatt es am Strick neben sich herzuführen, während der Kater selbst fleißig seine Beine benutzte.

*

Aber Herr Hinkelmann löste das Problem, indem er Siegesmund zum Transport in die Gartenkarre legte, obwohl er zugeben musste, dass der Transport des Katers in der Schubkarre gefährlich war.

Nicht für den Kater!

Gefährlich für Herrn Hinkelmann, denn der Anblick des reglosen Körpers rief vermutlich aggressive Tierschützer auf den Plan.
Von dieser Sorte gab es in Quakenbrück viele Vertreter!
Ein buntes Völkchen, mit dem immer gerechnet werden musste.
Gemäß Anweisung des Kommissars jedoch musste das Tier nunmal zum Präsidium geschafft werden, und dem Tierhalter fiel keine bessere Idee für den Transport ein.
Es gab nur diese.
Herr Hinkelmann schob mit der Karre los, wobei er sich fragte, wie wohl Kloppstock reagieren würde, wenn er wieder einmal wie üblich aus seinem Giebelfenster hing.
Bestimmt würde er sich gefährlich aus seinem Giebelfenster lehnen, wenn er das merkwürdige Gespann aus Mensch und Haustier vorbeirollen sah.
Zumindest aber musste ein bissig aus dem Fenster geworfener Kommentar in Kauf genommen werden.
Aber es blieb still.

Während Herr Hinkelmann am Nachbarhaus vorbeischob, war Herr Kloppstock weder zu sehen noch zu hören.
Erst vor dem Präsidium meinte Herr Hinkelmann, dass er unter den vielen Pressemitgliedern und Schaulustigen auch die Stimme seines Nachbarn ausgemacht hätte.
Aber klar!
Das ließ sich Kloppstock nicht entgehen, dass er bei der Auflösung des Falls persönlich anwesend war. Diese Attraktion musste sich ein Kloppstock mit seiner bekannten Sensationsgier vom ersten bis zum letzten Moment mit Genuss zu Gemüte führen.

*

Kommissar Faden stand leicht erhöht auf den Stufen zum Präsidium und winkte Herrn Hinkelmann zu, als dieser in Sichtweite war. Das Handzeichen des Kommissars war unmissverständlich.
Herr Hinkelmann ruckelte mit dem Vorderrad der Schubkarre die Stufen nach oben und nahm neben dem Kommissar wie angezeigt Position ein. In diesem Moment fand ein Blitzlichtgewitter statt und hielt für immer fotografisch fest, was innerhalb weniger Stunden von der Kriminalpolizei geleistet worden war: die Auflösung eines verzweigten Mordfalls, der an verschiedenen Stellen seine Blüten getrieben hatte.

Herr Hinkelmann erlebt eine Überraschung

Der Kommissar ergriff das Wort.
„Meine Damen und Herren, werte Pressemitarbeiter und Dienstkollegen, in diesem Augenblick ist es soweit: Wir stehen hier gemeinsam vor dem nunmehr gelösten Mordfall. Gleichzeitig dürfen wir uns aber auch noch darüber freuen, dass mit der Lösung des Mordfalls ebenfalls die mysteriösen Käse-Köder-Angriffe gegen Haustiere, und zwar Katzen, ihre Aufklärung gefunden haben."

*

Der Sprachmodus des Kommissars schien Herrn Hinkelmann irgendwie verändert. Das Schneidige war einer sprachflüssigen Freundlichkeit gewichen. Von dieser erquicklichen Seite kannte Herr Hinkelmann den Kriminalbeamten noch gar nicht.

*

„Beide Verbrechen waren ineinander verwickelt und dürfen nun als abgewickelt betrachtet werden. Das haben wir letzten Endes einer Tatsache zu verdanken, die hier vor uns steht."
Kommissar Faden zeigte demonstrativ auf Herrn Hinkelmann und die Schubkarre mit Siegesmund darin.
„Diesem Bürger unserer Stadt sind wir verpflichtet! Bitte, Wachtmeister Lügener, jetzt sind Sie dran!"
Nach dieser Aufforderung schälte sich der kleine Polizist aus der Menschenmenge heraus und kam mit Blumenstrauß in der Hand auf Herrn Hinkelmann zu.
Er wollte etwas sagen, aber der Kommissar ergriff wieder das Wort.

„Natürlich machen sich während einer Mordermittlung mitunter schon mal Dinge selbstständig. Wachtmeister Lügener musste erleben, wie er irrtümlich und reflexartig auf eine Kuckucksuhr schoss, mit dem Ergebnis, dass ein Schrankfachschlüssel entdeckt wurde, der im Mordfall Trollscheidt schlussendlich zum alles klärenden Beweisstück wurde. Wir können sogar kriminalistisch von einem Schlüsselindiz sprechen."

Der kleine Polizist nickte jetzt eifrig zu den Ausführungen des Kommissars mit dem Kopf und drückte Herrn Hinkelmann im nächsten Moment den Blumenstrauß in die Hand. Er fand Worte.

„Dieser Strauß ist für Sie, Herr Hinkelmann, und Ihre mutige Einstellung zu den Ereignissen!"

„Ja, Herr Hinkelmann", der Kommissar setzte seine Rede fort, „Sie, Herr Hinkelmann, standen unter Verdacht und mussten Verdächtigungen aushalten. Dabei war alles, was sich abgespielt hat, nichts anderes als der lange Arm der italienischen Mafia, die als kriminelle Organisation bis in unseren schönen Heimatort vorgedrungen war. Aber alles hat ja nun ein gutes Ende gefunden."

*

Kommissar Faden bückte sich und ergriff den immer noch betäubten Siegesmund am Nackenfell, um ihn in das Blitzlichtgewitter zu halten, das jetzt abermals einsetzte.

*

„Dieser Kater ist die Erklärung zu allem. Als er zu seinem neuen Besitzer ins Haus zog, war der Wert des Tiers weder erkennbar, noch war er in irgendeiner Weise vorauszusehen. Das Besondere des Tiers ist erst mit dem Mord an Trollscheidt zu Tage getreten. Dieses Besondere konnte dem neuen Tierhalter und Erbe nicht bewusst sein. Schließlich hatte Herr Hinkelmann keine Ahnung, welches schwere und auch gefährliche Erbe einer schillernden Person er im Endeffekt mit der Uhrensammlung seiner italienischen Tante, dem Kater und dem Sparkassenschrankfach antreten würde. Die wahre Identität seiner kriminellen Tante ist, Gott sei Dank, mit dem heutigen Tage endgültig ermittelt."

Kommissar Faden unterbrach sich für einen Moment um etwas Wasser zu trinken, das ihm der große Polizist in einer Plastikflasche anreichte. Mit angefeuchtetem Mund sprach er weiter.
„Sehr verehrte Anwesende, die von mir als Tante Bezeichnete, Frieda Oswald geborene Pontifiori, war ein aktives Mitglied der Mafia, eine Mafiosa aus Neapel, die als anziehende Frau in einem Wohnwagen lebend für sich und die Mafia angeschafft hat. Dieser vordergründigen Aufgabe ist sie viele Jahre nachgegangen, in Wirklichkeit allerdings diente der Wohnwagen der Organisation als gut getarnter Lagerplatz für Edelsteine, die sie im Auftrag der Organisation dort aufbewahrt hat. Als sich mit zunehmendem Alter Schwierigkeiten bei der Erarbeitung ihres Lebensunterhalts ergaben, hat sich unsere Mafiosa von besagter Organisation getrennt und mit den Steinen aus dem Staub gemacht, zu welchem Zweck sie sich eine neue Identität zulegte.
Und, was glauben Sie, wohin ist die mafiöse Dame mit den Steinen geflüchtet?“
Er schaute in die Runde.
„In den Hafen der Ehe, zu unserem fleißigen Maurergesellen Theo Oswald, der Petronella Pontifiori zu seiner Frieda Oswald machte, und zwar ganz einfach durch einen überstürzten Trauschein, ausgestellt durch Quakenbrücker Standesbeamte.“

*

Die Anwesenden kommentierten die letzte Information mit einem gemeinschaftlichen „Ohje“.

*

„Das Versteck, das sich unsere ehemalige Mafiosa in Quakenbrück als sicheres Schlupfloch auf diese Weise bereiten konnte, hat dann tatsächlich auch einige Zeit funktioniert. Von alledem wusste der Neffe hier“, er zeigte auf Herrn Hinkelmann, „nichts! Bei Theo Oswald, dem anständigen Onkel von Heribert Hinkelmann fand die schillernde Dame ihr neues Zuhause. Ihn leitete sie an, eine Wanduhrensammlung anzulegen, in deren Uhren sie die Edelsteine, genauer gesagt Rubine, sorgfältig und klammheimlich in den Uhrwerken versteckte. Selbstverständlich, ohne dass der Onkel etwas wusste. Wir haben herausgefunden, dass die eingelagerten Steine einem Wert von mindestens einhunderttausend Euro entsprechen.“

Bei dieser unerwartet hohen Summe blieb es unter den Zuhörern mucksmäuschenstill.

„Nun jedoch kommt die indische Familie aus Rajasthan ins Spiel. Auch in Rajasthan ist die Mafia erpresserisch vorgegangen und hat indische Familien gezwungen regelmäßig von der Edelsteinförderung beträchtliche Anteile abzugeben. Die Schutzgelderpressung durch die Mafia war nach kurzer Zeit zu einem Problem in der gesamten Region geworden.

Nur eine Familie hat es gewagt, sich gegen die Mafia zur Wehr zu setzen: unser indischer Schnellimbiss in der Innenstadt.“

*

Die Anwesenden sorgten für einen kurzen Applaus mit Bravorufen. Ein Stammkunde des Schnellrestaurants pfiff zweimal hintereinander auf seinen Fingern.

*

„Die Familie zog gewissermaßen den Edelsteinen hinterher und ging auf eigene Faust vor, getarnt als indischer Schnellimbiss. Als unsere indische Familie dann der besagten Mafiosa auf die Spur kam, musste Frieda Oswald etwa zeitgleich mit dem Tod ihres Ehemannes ein neues Versteck für die Steine finden. Hier kommt nun das Schrankfach ins Spiel. Sie fand ihr neues Versteck bei Herrn Trollscheidt auf der Sparkasse, den sie, je nach Perspektive dummerweise oder auch nicht dummerweise, in ihr Vorhaben einbezog. Nun befanden sich die Steine im Schrankfach, gut versteckt im Inneren von Lebkuchenherzen, bis Frieda Oswald auch dieses Versteck zu unsicher wurde und sie sich ein weiteres Mal entschloss, die Steine umzulagern. Diesmal heimlich und ohne dass Trollscheidt davon etwas wusste". Faden machte eine kurze Pause. „Trollscheidt, ein Adoptivkind mit indischen Wurzeln, das eine Tänzerkarriere, dann aufgrund einer späten Umschulung wegen Rückenproblemen eine Bankausbildung absolviert hatte, wurde von der indischen Familie überredet, bei der Rückgewinnung der Steine zu helfen, was ihm ja eigentlich hätte ein Leichtes sein müssen, wenn es ihm gelungen wäre, über Herrn Hinkelmann an den zweiten Schrankfachschlüssel zu kommen. Aber alles lief aus dem Ruder!

Das Telefonat zwischen Trollscheidt und Herrn Hinkelmann wurde von der Mafia abgehört. Trollscheidt wurde reingelegt, indem ihm vorgetäuscht wurde, dass sich Herr Hinkelmann nach Geschäftsschluss in der Sparkasse mit ihm treffen wollte. Die Mafia schickte einen Strohmann, der sich als Herr Hinkelmann ausgab. Aber weil die Steine nicht mehr in den Lebkuchenherzen versteckt waren, nahm der Beauftragte im Namen der Mafia auf übelste Weise Rache. Nicht nur mit dem Schneidbrenner. Trollscheidt hat das Ganze knallhart mit seinem Leben bezahlt."

*

Kommissar Faden machte eine Pause, weil er jetzt noch einmal die Spannung erhöhen wollte.

*

„Meine Damen und Herren, Sie werden sich fragen, wo die Steine nun sind. Ich kann Ihnen versichern, wir alle hier sind ganz nah an den Edelsteinen dran. Ich sogar befinde mich, man könnte sagen, in direktem Kontakt zu ihnen."
Er zeigte auf Siegesmund in seinem Arm.
„Hier sehen Sie das letzte Versteck, das Frieda Oswald für die Steine gewählt hatte."

*

Ein Raunen ging durch die Gruppe der Anwesenden. Der Überraschungseffekt war so enorm, dass Journalisten und Reporter in diesem Moment keine Notizen mehr machten, sondern jegliche Tätigkeit einstellten.

*

Auch Herr Hinkelmann war bei dieser Nachricht erstarrt.
Eine ungeheuerliche Enthüllung!
Sein Siegesmund ein Lager für Edelsteine?
Nun wurde ihm einiges klar, zum Beispiel, warum der Turbanmann betäubte Katzen eingesammelt hatte. Und erst recht, warum sich Siegesmund mit einem Kescher über dem Kopf zurück ins Haus geflüchtet hatte.
Der arme Kater!
Da war eine ganze Familie hinter dem Tier her gewesen, um an die Steine zu kommen.
Und er hatte nichts gemerkt.

Kommissar Faden gab nun letzte Erklärungen zum Besten. „Wir werden das Tier einer schonenden kleinen Operation unterziehen lassen, wie sie schon einmal stattgefunden hat, allerdings damals zum Einlagern der Steine. Jetzt wird das Tier von ihnen befreit. Unser kleiner Held hier wird rank und schlank sein, wenn die Edelsteine wieder entnommen sind."

*

Spontan fingen erste Personen zu applaudieren an. Andere schlossen sich sofort an, bis allgemeines Klatschen und bewunderndes Pfeifen sich breitmacht hatte. Bravorufe kamen aus allen Richtungen. Die ausführlichen Erklärungen des Kommissars wurden mit heftigem Jubel belohnt.
Herr Hinkelmann wollte nun Siegesmund übernehmen, aber der Kommissar gab ihn nicht her.

*

„Nein, Herr Hinkelmann, Sie sind jetzt zwar aus allem raus, aber das Tier noch nicht. Es ist sowohl Zeuge in zwei Fällen, als auch Beweismittel in der Indizienkette. Am heutigen Nachmittag soll Ihr Siegesmund dann operiert werden und am Abend können Sie ihn, wenn Sie wollen, schon aus der Kleintierpraxis abholen. Für den Moment bleibt der Kater also noch hier, aber jeglicher Verdacht gegen Sie, Herr Hinkelmann, ist natürlich weg. Ich denke, da sind Sie selbst auch sehr froh. "

*

Herr Hinkelmann nickte zur Bestätigung mit dem Kopf und murmelte zum besseren eigenen Begreifen den Satz vor sich hin, der ihm am meisten am Herzen lag:

„Gott sei Dank! Der Verdacht ist weg!"

Ab sofort war sein Leben wieder lebenswert. Er hatte es also geschafft! Kommissar Faden klopfte ihm anerkennend auf die Schulter.

*

„Ruhen Sie sich aus und machen Sie am besten einfach mal Urlaub. Die Quakenbrücker Polizei und alle Quakenbrücker gönnen es Ihnen. Ich denke, nach diesen dramatischen Erfahrungen mit dem Erbe Ihrer Tante werden Sie ein bisschen Abstand und Ruhe gut gebrauchen können. Sie haben es sich verdient.
Nochmals vielen Dank an Sie und auch meinen Dank an die Presse. Die Bevölkerung wird somit in Kürze über die gängigen Medien alles zum Stand der Ermittlungen erfahren.
Ende der Pressekonferenz!"

ENDE

Und wie Kater Siegesmund schließlich wieder zu seiner alten Bestform zurückfindet, lesen Sie im nächsten Band:

Hinkelmanns Welt 3 - Die Drohne muss weg

Die Autorin:

Ann Louise Preuß hat selbst einen Kater, der sich seit Jahren mit Käse verwöhnen lässt.
Diese Erfahrung und die Freude am Verfassen humoristischer Geschichten hat aber noch nicht ausgereicht, um „Hinkelmanns Welt“ entstehen zu lassen.
Hinzu kommen noch weitere Aspekte wie ein vorausgegangenes Literaturstudium (Germanistik, Anglistik) und ein gemütliches Zuhause, das sich seit etlichen Jahren in Mecklenburg-Vorpommern befindet.
Hier, wo die Autorin in landschaftlich idyllischer Umgebung zum Schreiben kommt, ist sie weiteren kreativen Menschen begegnet, so auch der Illustratorin Andrea Sommerfeld.
www.annlouisepreuss.de

Die Illustratorin:

Die selbständige Kommunikations-Grafikdesignerin Andrea Sommerfeld wohnt und arbeitet in Güstrow (Mecklenburg-Vorpommern). Seit 25 Jahren beschäftigt sie sich mit gestalterischen Arbeiten der Druckvorstufe mit Schwerpunkt Buchsatz/Illustration sowie der Gestaltung allgemeiner Druckartikel. Darüber hinaus sucht sie für sich stets neue Herausforderung im Bereich der Skulpturengestaltung, Malerei und dem Porträtzeichnen. Ausstellung 2006 in Bad Doberan.
sommerfeld.studio